UNE CERTAINE IDÉE DE L'EUROPE

DU MÊME AUTEUR

La France inégale
Hachette, 1974

Le Cœur du futur
Hachette, 1985

C'est en allant vers la mer
Seuil, 1990

Les Blessures de la vérité
Flammarion, 1995

Cela commence par une balade
Plon, 2003

LAURENT FABIUS

UNE CERTAINE IDÉE DE L'EUROPE

Plon

ISBN 2-259-20113-X

Introduction

Oserai-je dire que, toute ma vie, je me suis fait une certaine idée de l'Europe ? Et que la raison autant que le sentiment me l'inspirent ?

Mes fidélités ? Hugo, Jaurès, Briand, Blum, Mitterrand. Mes convictions ? Républicaines, socialistes et européennes, elles ont été forgées dans l'exercice des responsabilités politiques au service de la France et de l'Europe. Mon engagement ? Pour une Europe forte, porteuse d'un idéal de civilisation, œuvrant à son unité et à sa puissance.

C'est au nom de cette vision que je ne peux pas accepter le projet de Constitution qui nous est proposé. La question centrale posée par ce texte est en effet celle-ci : oui ou non, est-il adapté à la nouvelle étape de la construction de l'Europe ? Ma réponse est non.

Après avoir fait avancer la paix, réalisé le grand marché intérieur, réunifié notre continent, une nouvelle période s'ouvre pour l'Europe. Elle comporte de nouveaux défis.

- Le défi du nombre : comment construire efficacement un ensemble cohérent, à 25 pays, bientôt 30 et même davantage ?
- Le défi de la puissance : comment, face aux États-Unis, à la Chine, à l'Inde, aux États-continents, constituer une Union politique, dotée d'un gouvernement économique, d'une diplomatie et d'une défense communes ?
- Le défi de la solidarité : comment orienter cette Union vers l'emploi, le social, la culture, la recherche et l'innovation, le développement durable ? Bref, comment aller vers davantage d'Europe et vers une meilleure Europe ?

Même s'il comporte des avancées, qu'il faudra reprendre, sur le plan des institutions et des valeurs, le projet actuel de Constitution européenne ne répond pas réellement à ces défis. Le nombre ? Là où il faudrait étendre le recours à la majorité et faciliter les « coopérations renforcées », c'est la règle de l'unanimité qui l'emporte. La puissance ? Faute d'affirmer le primat du politique sur le monétaire et en l'absence de toute perspective d'harmonisation dans le domaine fiscal, le « gouvernement économique européen » ne s'installera pas. À l'inverse, la compétition entre les États se durcira pour attirer les capitaux, les sièges sociaux, les usines et les emplois. La défense et la diplomatie ? Le texte nous place sous influence anglo-saxonne et dépendance de l'OTAN.

Enfin, l'exigence fondamentale de solidarité, qui est au cœur de l'identité socialiste et qui a été illustrée par notre récent slogan électoral (« Et maintenant l'Europe sociale ! ») n'est pas au rendez-vous. La Charte des droits fondamentaux ne prévaudra pas juridiquement sur les dispositions nationales moins favorables. L'harmonisation sociale par le haut est expressément exclue. L'emploi, la culture, la recherche ne disposent ni de la priorité ni des ressources indispensables. La valorisation de l'environnement est peu compatible avec la logique, confirmée, du « tout marché ». Quant aux services publics, malgré quelques phrases générales, ils continueront à être rognés tant que le principe de leur existence n'aura pas été affirmé au même rang que le principe de concurrence, ce qui n'est pas le cas avec le projet actuel.

Dans ces conditions, comment ce texte pourrait-il servir les ambitions que l'Europe doit porter pour ce nouveau siècle ? D'autant plus que cette Constitution sera pratiquement irréversible, la clause d'unanimité fixée pour toute révision équivalant, dans une Union devenue si nombreuse et si hétérogène, à sa glaciation.

Disons-le sans détour : ce texte est le résultat d'une dérive à l'œuvre depuis au moins dix ans. L'Europe est devenue plus vaste, mais est-elle pour autant plus forte, plus écoutée, plus solidaire ? Dilution, division, démission : à plusieurs reprises ces dernières années, j'ai exprimé mon inquiétude sur l'avenir de la construction européenne. Parce que l'élargissement n'est pas allé de pair avec un approfondissement, l'Union s'est surtout limitée à un projet centré sur une zone de libre-échange, encadrée par un droit de la concurrence, sans ambition politique suffisante ni influence décisive sur l'état du monde.

Qui peut méconnaître la déception, voire la méfiance suscitée aujourd'hui, notamment dans les couches populaires, par une Europe au projet indécis, aux frontières indéfinies, et dont plus personne ne comprend ni ne maîtrise le ressort ? Aujourd'hui à 25, dans moins de dix ans à 30 : si nous ne réagissons pas, que restera-t-il de l'Europe que nous voulons ? L'emballement de l'élargissement conduira, si rien n'est fait pour le maîtriser, à la désintégration de l'Europe, géographique, historique et politique, en tout cas à sa dilution.

Avec beaucoup d'autres, j'ai choisi de dire « non » à ce « laisser-faire, laisser-passer ». Pour ne pas avoir à formuler, plus tard, devant le spectacle d'une Europe impuissante, ce regret : « À l'époque, j'aurais dû agir. »

On me dit parfois que, socialiste, je renierais mon identité en refusant de ratifier le texte actuel de la Constitution. Mais si l'engagement européen des socialistes, désormais, ne consiste qu'à entériner la marche vers l'État minimum, ou vers la privatisation complète de la santé, des transports, de l'électricité, de la poste, etc., c'est la perte d'identité elle-même des socialistes qu'il faudrait plutôt craindre ! Si, comme l'affirment hâtivement certains, la vérité du socialisme ou de la social-démocratie était tout entière suspendue à l'approbation d'une Constitution négociée par Jacques Chirac et vantée par

Nicolas Sarkozy, il y aurait fort à s'inquiéter pour l'avenir de nos valeurs ! Et si le « monde européen » en venait à se fondre dans le « modèle américain » – la liberté moins la solidarité –, rendrait-on vraiment service, qu'on soit socialiste ou non, à l'identité historique de l'Europe ?

Nous vivons au XXIe siècle : être français, c'est aussi être européen. La question n'est donc pas de savoir si nous voulons l'Europe : nous sommes l'Europe. La question est de savoir quelle Europe nous voulons. Souhaitons-nous, pour la solidarité, nous en remettre à l'ultime bon vouloir des marchés et, pour notre défense, nous soumettre à une vassalité douillette envers l'hyperpuissance américaine ?

Personnellement, le souverainisme m'est toujours apparu comme un anachronisme, hérité du XIXe siècle. La seule perspective pertinente me paraît être une Europe sociale, laïque, et surtout ambitieuse. C'est en ce sens que je suis profondément, passionnément, totalement proeuropéen. Pas un eurobéat qui prendrait l'Europe pour une fin en soi. Mais un Européen de cœur, de raison et de volonté.

Parce qu'elle est le fruit de l'histoire de ses nations, l'Europe a été et restera une perpétuelle confrontation entre des mémoires, des vocations, des intérêts différents. C'est naturel et même souhaitable. Par le passé, je n'ai jamais hésité devant une négociation, un bon compromis, une pondération sage. Et je le ferai à l'avenir avec nos partenaires, si l'occasion s'en présente. Ce réalisme contractuel suppose de doser les risques du présent et les chances de l'avenir. C'est une question d'appréciation. C'est surtout une question de valeurs.

Il ne faut jamais oublier vers où nous voulons conduire l'Europe. Nous voulons la mener sur la voie de la puissance et de la solidarité, ce qui passe nécessairement par un nouvel approfondissement. On ne peut pas se satisfaire du *statu quo ante* que fige pour des décennies le projet actuel de Constitution. Dès lors, quelle méthode proposer pour la suite ?

Notre Union a besoin de règles claires. Pour cela, une Constitution est nécessaire, mais elle doit être recentrée sur les valeurs et les institutions de l'Union. Une Constitution qui fixe les règles du jeu et pas le jeu lui-même. J'en décris ma vision dans les pages qui suivent. Après un « non » français, une renégociation devrait permettre d'y aboutir.

Notre Union a besoin de relancer ses politiques communes. Son but est d'agir au service de ses citoyens et les procédures ne sont que des moyens. Il faudra nous concentrer sur deux objectifs : affirmer l'Europe-puissance dans la mondialisation et promouvoir l'Europe-solidarité.

Pour atteindre ces objectifs, l'Europe a besoin d'une nouvelle architecture politique. Les 25 États membres, et davantage demain, ne pourront pas avancer à la même vitesse. C'est le sens des propositions que j'ai formulées depuis longtemps et que l'on pourrait résumer en une image : l'Europe des trois cercles.

Le premier cercle – l'Europe unie – sera constitué des pays ayant volonté et capacité d'avancer vers une intégration poussée, notamment dans les domaines économique, social, scientifique et diplomatique : les six fondateurs, suivis des États de la zone euro, sont les mieux placés pour en faire partie, même si ce cercle doit rester ouvert à d'autres. Le couple franco-allemand en sera le pilier et le moteur. Le deuxième cercle – l'Europe élargie – agrégera les membres de l'Union qui ne souhaitent pas ou ne peuvent pas s'engager aussi loin, mais constituera une communauté solidaire et puissante : les États actuels de l'Union et ceux destinés à adhérer en 2007 pourraient le constituer. Le troisième cercle – l'Europe associée – rassemblera les autres pays de l'Est et du pourtour méditerranéen, associés étroitement à l'Union pour construire avec elle un espace de prospérité, de paix et de démocratie. Je place la Turquie dans ce troisième cercle.

Au nom même de cette vision de l'Europe, je pense qu'il ne faut pas accepter le projet de Constitution en l'état. Son adoption mènerait l'Europe là où nous ne voulons pas aller, vers une forme de renoncement à ce qui fut le projet des pères fondateurs. On nous dit : c'est merveilleux, l'Europe, grâce à ses institutions améliorées, sera dans l'annuaire. Fort bien, mais on aimerait que, quand on lui téléphone, elle soit capable de répondre d'elle-même. À force d'être molle, cette Europe-là sera bientôt morte. Ce n'est pas le projet qui doit être porté par la France. Le rejet du texte actuel peut ouvrir la voie à l'adoption d'un nouveau texte à la fois plus simple et plus ambitieux pour l'Europe : une Constitution qui se concentre sur l'essentiel.

Le « oui », c'est la renonciation, même involontaire, même pleine de bonnes intentions, à la grande idée de l'Europe-puissance. Le « non », c'est la possibilité d'un rebond. Choisir le « non », c'est refuser la résignation à une Europe diluée et injuste, c'est se battre sans arrogance pour une Europe forte et solidaire, c'est faire preuve, j'en suis convaincu, de lucidité et de courage. C'est vouloir reprendre en main notre avenir. C'est avoir confiance en la démocratie ; en l'action politique ; en nous-mêmes, Français ; et en les autres, nos amis européens. J'ai confiance.

I

Non à cette Constitution

J'ai étudié et décortiqué le texte qui nous est proposé. J'ai réexaminé les traités antérieurs. Déformation de juriste, peut-être. Scrupule de responsable politique, certainement. Je respecte ceux qui ont une opinion contraire, mais ma conviction est faite : cette Constitution n'est pas celle dont l'Europe et les Européens ont besoin pour avancer. Le négatif l'emporte sur le positif. Afin que chacun puisse se déterminer en connaissance de cause, une analyse rigoureuse s'impose. Que le lecteur m'excuse si cet examen est austère : je respecte assez mes concitoyens pour leur parler sérieusement de choses sérieuses.

1 – QUELQUES AVANCÉES, MAIS...

Des éléments positifs existent dans le projet actuel. Ils concernent surtout le domaine institutionnel :

— Le Conseil européen, qui réunit les chefs d'État et de gouvernement, devient une institution à part entière avec un président à temps plein. L'Europe aura donc un visage. Les modalités de décision au sein du Conseil des ministres sont définies en termes de pourcentage des États membres et de pourcentage des populations. Malgré ses limites, le système de la double majorité (55 % des États, 65 % de la population) et de la minorité de blocage détermine les règles de vote d'une manière plus stable et plus claire qu'avant.

— Les pouvoirs du Parlement européen sont accrus. Celui-ci élit le président de la Commission sur la proposition du Conseil, qui doit choisir son candidat en fonction des rapports de force politiques au sein du Parlement. Dans le cadre de l'extension du champ de la « codécision » avec le Conseil, le Parlement conforte son pouvoir budgétaire, sans toutefois se voir accorder le dernier mot sur toutes les dépenses de l'Union – contrairement à ce qu'avait proposé la Convention présidée par V. Giscard d'Estaing.

— L'efficacité du travail de la Commission est favorisée par le renforcement des pouvoirs du président et la réduction du nombre de commissaires à partir de 2014. Les polémiques qui ont entouré la Commission Barroso laissent néanmoins prévoir que sa composition demeurera un enjeu conflictuel. En outre, la réduction du nombre de commissaires sera problématique au regard de l'équilibre entre les grands et les petits États : concrètement, la France sera absente d'une Commission sur deux.

Au total, le choix a été fait de renforcer les trois institutions clés de l'Europe : Conseil, Parlement, Commission. Souci d'équilibre... qui provoquera aussi des tensions. Exemple ? Les rapports entre le président du Conseil européen désigné pour deux ans et demi et le président de la Commission élu pour la durée de la législature : l'un et l'autre procéderont de deux légitimités concurrentes et pourront se trouver en rivalité. La représentation extérieure de l'Union risque également d'être délicate, avec d'un côté le président du Conseil européen qui assure la représentation extérieure de l'Union, en principe uniquement en matière de politique étrangère et de sécurité commune (article I-22-2) ; de l'autre côté, le président de la Commission assure la représentation extérieure de l'Union dans tous les autres domaines (I-26-1) ; enfin le ministre des Affaires étrangères.

— Je mentionne enfin, parmi les avancées, le « droit de pétition ». Certains lui accordent une grande importance, je crains qu'ils ne soient déçus. Certes, l'article I-47-4 crée un droit d'initiative populaire permettant à des citoyens européens réunissant un million de signatures d'inviter la Commission à faire une proposition dans les domaines où elle dispose de l'initiative. Mais cette « démocratie participative » risque d'être théorique, la Commission n'étant pas tenue de donner suite à cette proposition.

Au total, la somme des avancées ponctuelles et des incertitudes reste positive dans le domaine institutionnel. Pour autant, il ne s'agit pas de la percée historique parfois évoquée. Le champ des décisions majoritaires reste limité. Le projet n'améliore qu'à la marge le système provisoire élaboré à Nice. Les partisans du « oui » en tirent la conclusion qu'il serait contradictoire de rejeter celui-là après avoir approuvé celui-ci.

Ce serait négliger les autres défauts majeurs de ce texte. J'y viens.

2 – UN TEXTE « FOURRE-TOUT »

Une constitution a pour objet de définir les principes fondamentaux sur lesquels reposent l'organisation politique, l'origine et la nature des pouvoirs, leur équilibre, les conditions d'exercice de l'autorité publique. Une constitution n'a pas à traiter des politiques menées dans ce cadre.

Le texte aurait donc dû se limiter aux dispositions concernant « l'organisation des pouvoirs publics européens » et les valeurs de l'Union, c'est-à-dire les parties I, II et IV de l'actuel projet. Or il inclut dans la partie III – avec plus de trois cents articles ! – toutes les politiques de l'Union : marché intérieur, politique économique et monétaire, agriculture, transports, énergie, etc. Il n'établit aucune distinction entre la partie constitutionnelle au sens strict et ce qui relèverait normalement de dispositions du type loi organique, loi-cadre ou loi ordinaire. La démocratie exige que, si les règles du jeu sont stables, le jeu lui-même puisse évoluer au gré des alternances politiques : elle interdit donc de « constitutionnaliser » des politiques, contrairement à ce que prévoit ce projet. C'est un peu comme si l'on trouvait dans la Constitution de la République française des articles consacrés aux plans Douste-Blazy, Borloo ou de Robien sur l'assurance-maladie, la cohésion sociale ou le logement. Qui l'accepterait ? Qui pourrait même seulement l'imaginer ?

Cette confusion est accrue par le fait que le texte est trop long et trop complexe : 448 articles, 36 protocoles, 2 annexes, 50 déclarations. Il comporte des redites, des entrées multiples, voire des contradictions.

Ces défauts sont contraires à un principe essentiel de la démocratie : la simplicité des textes fondamentaux, qui doivent pouvoir être lus et compris par chacun. Que l'on pense à la Déclaration des droits de l'homme et du citoyen de 1789 ou à la Constitution américaine, qui tiennent en quelques articles et quelques lignes. Les citoyens se sont approprié ces textes clairs et courts – à l'origine du puissant sentiment d'appartenance à une communauté civique fondée sur le partage de valeurs fondamentales. C'est ce que le philosophe allemand Habermas a appelé le « patriotisme constitutionnel ». Comment imaginer, avec un texte de 448 articles, un patriotisme constitutionnel européen ?

L'Europe ne sait pas assez qui elle est, ni les Européens ce qu'ils ont en commun. **C'est pourquoi nous avons besoin d'une Constitution qui permette de nous rassembler autour d'une identité politique claire. De ce point de vue, et pour dire les choses simplement, ce texte est une occasion manquée.**

3 – UN TEXTE DÉCEVANT

Le projet de Constitution n'a pas que le défaut de la complexité et du mélange des genres. Il est, aussi, décevant sur cinq sujets majeurs : le social, l'économique, les moyens laissés aux États membres, la défense et l'environnement.

Pas de réel rééquilibrage social

Jusqu'ici, la construction européenne a surtout porté sur l'économique et le monétaire. Un rééquilibrage timide est intervenu lors du traité d'Amsterdam en 1997. Dans l'ensemble, le projet de Constitution avalise cet état de fait sans proposer d'avancées décisives.

Certes, un article de portée générale (I-48) « reconnaît et promeut le rôle des partenaires sociaux », mais il relativise cette reconnaissance en précisant que celle-ci s'effectue « en prenant en compte la diversité des systèmes nationaux ». Il ajoute qu'un « sommet social tripartite pour la croissance et l'emploi contribue au dialogue social », sommet qui existe déjà depuis plusieurs années et qui n'a pas produit de résultat probant.

Les spécialistes insistent sur l'introduction d'une « clause sociale transversale » (III-117). En quoi consiste-t-elle ? « Dans la définition et la mise en œuvre des politiques et actions visées à la présente partie, l'Union prend en compte les exigences liées à la promotion d'un niveau d'emploi élevé, à la garantie d'**une protection sociale adéquate**, à la lutte contre l'exclusion sociale ainsi qu'à un niveau élevé d'éducation, de formation et de protection de la santé humaine. » À y regarder de près, l'amélioration par rapport aux dispositions existantes est nulle. J'insiste sur les termes choisis : « protection sociale adéquate » ne signifie pas « protection sociale élevée ». Le qualificatif choisi est suffisamment vague pour que cette clause n'ait aucun effet pratique.

Dans les faits, le texte ne favorise ni la prise de décision ni l'harmonisation en matière sociale. Dans la totalité des domaines importants, l'exigence d'unanimité est réaffirmée. Le primat des législations et pratiques nationales est maintenu. Les actions en vue d'une coordination des politiques sociales nationales excluent toute perspective d'harmonisation. L'article III-210-2 le confirme : « La loi ou la loi-cadre européenne peut établir des mesures destinées à encourager la coopération entre États membres, **mais c'est à l'exclusion de toute harmonisation des dispositions législatives et réglementaires des États membres**. » De même, l'article III-172-1 et 2 prévoit que « **les dispositions relatives aux droits et intérêts des travailleurs salariés** » **sont exclues** « **des mesures relatives au rapprochement des dispositions législatives** des États membres qui ont pour objet l'établissement ou le fonctionnement du marché intérieur ».

Certains partisans du projet de Constitution expliquent que, puisque la France connaît des normes sociales élevées, la règle de l'unanimité serait désormais pour elle une forme de protection et qu'il est heureux qu'elle ne soit pas mise en cause. L'argument – qui constitue un changement de pied par rapport à notre campagne sur l'Europe sociale – ne me convainc pas. **Refusée en droit, l'harmonisation sociale risque de se réaliser dans les faits... mais par le bas.** L'article III-209 précise que la convergence des politiques sociales tiendra compte « de la nécessité de maintenir la compétitivité de l'Union » et qu'elle devra résulter avant tout « du fonctionnement du marché intérieur ». L'orientation est claire.

En un mot, tout au long du texte, le social est présenté surtout comme une résultante du libre jeu des forces du marché. Inquiétant...

• Une Charte à la portée décisive ?

Il est fait grand cas de la Charte des droits fondamentaux qui forme la partie II du projet de Constitution. J'y suis évidemment favorable. Encore faut-il en préciser le contenu et la portée.

Le catalogue des droits reconnus par cette Charte est long (articles II-61 à II-110) : depuis la liberté de conscience (en des termes qui sont d'ailleurs différents de notre conception de la laïcité) jusqu'à la garantie de l'accès aux documents administratifs. Aucune catégorie susceptible d'être discriminée n'est oubliée.

Mais le préambule et les trois derniers articles (articles II-111 à 113) révèlent la nature et la portée réelles de la Charte. Celle-ci n'est que la compilation du droit existant, issu pour l'essentiel de la Convention européenne de sauvegarde des droits de l'homme et de la jurisprudence de la Cour européenne qui l'applique, ainsi que des traditions constitutionnelles communes aux États membres. **La Charte ne crée aucun droit nouveau. Aucun citoyen de l'Union ne possédera, après son entrée en vigueur, de droit supplémentaire.**

Pourra-t-on du moins s'en prévaloir plus facilement qu'hier ? Pas davantage. Il est précisé que **la Charte ne s'adresse pas aux citoyens, mais aux institutions de l'Union et aux États, quand ils mettent en œuvre le droit communautaire** (II-111-1). Un recours direct au juge européen, au nom d'une violation d'un droit de la Charte, n'est donc possible que si cette violation intervient dans le cadre de l'application d'une compétence communautaire (II-112-5). Inutile d'espérer que demain le fonctionnement d'un service de police ou d'un tribunal, ou le traitement réservé à des syndicalistes puissent être contestés parce qu'il y aurait violation de la loi : la Charte sera inapplicable dans tous ces cas-là.

Pourra-t-on du moins s'en servir comme d'un aiguillon ? Pas davantage. La Charte impose à la Cour de justice de respecter la jurisprudence interprétative de la Cour européenne des droits de l'homme (article II-112). Elle ne crée aucune compétence nouvelle ni aucune nouvelle politique communautaire (II-111-2). Enfin, les articles II-112-4 et 6 limitent la portée des droits à ce que prévoient les « traditions constitutionnelles communes aux États membres » et « les pratiques nationales ». L'article II-112-7 précise que la Cour de justice devra interpréter la Charte à la lecture des « explications » annexées à la Constitution. Or les explications, élaborées surtout à la demande des Britanniques, limitent systématiquement la portée du texte.

Pas de gouvernement économique

Sur le terrain économique aussi, la déception est vive après une lecture attentive.

La référence à l'« économie sociale de marché », dès l'article I-3-3, est ainsi ambiguë. Elle figure dans la partie du texte consacrée aux principes généraux ; de façon significative et inquiétante, elle n'apparaît plus dans la partie III qui définit les politiques et le fonctionnement de l'Union. Dans cette partie, la seule référence, fréquemment répétée, concerne une « économie de marché ouverte où la concurrence est libre ». **L'adjectif « social » a disparu**.

Même référence « platonique » aux objectifs de « développement durable, d'équilibre de la croissance, de plein emploi et de progrès social, ou de protection de l'environnement », dans l'article I-3-3. Et même disparition de ces objectifs dans la partie « dure », la partie III. Le texte affirme significativement que les principes directeurs de la politique économique sont : « prix stables, finances publiques et conditions monétaires saines et balance des paiements stable » (article III-177). Tout est dit !

D'ailleurs, lorsqu'on passe au crible l'ensemble du projet, le verdict est sans appel : **le mot « marché » est cité 78 fois, le mot « concurrence » 27 fois, mais les expressions « progrès social » 3 fois et « économie sociale de marché » une seule.**

Progresse-t-on, tout au moins, vers une stratégie économique de la zone euro ? Pas réellement. Seule la politique monétaire et de change est conduite au niveau de l'Union par des institutions de l'Union. Les autres aspects de la politique économique font l'objet d'une simple « coordination ». Pour la politique monétaire, le projet de Constitution réaffirme (articles I-30-2, III-177, III-185) que son « objectif principal » est le maintien de la stabilité des prix. Il confirme que celle-ci est conduite par le seul Système européen des banques centrales (SEBC), dont la Banque centrale européenne (BCE) est le chef de file (article I-30-1). Il est interdit à tout gouvernement national et institution européenne de chercher à « influencer » le SEBC (III-188).

Il n'a donc pas été tenu compte des multiples critiques visant l'absence de pilotage politique en ce domaine. Or, même aux États-Unis, qui ne passent pas pour avoir un gouvernement socialiste, celui-ci discute des adaptations de la politique monétaire avec la Banque centrale. C'est là une nécessité dictée autant par le souci d'une politique économique efficace et harmonieuse que par le bon sens. Mais rien n'y fait : **la politique monétaire européenne continuera à n'être déterminée que par la seule BCE.** Concrètement, si les Européens veulent mener une politique expansionniste, dans le cadre notamment d'une alternance à gauche, il leur sera interdit de chercher le soutien de la BCE. C'est techniquement et politiquement contestable.

• Une politique industrielle entravée

Le texte n'ouvre pas non plus la voie à une vraie stratégie industrielle européenne. Aucun outil, aucune ressource spécifique ne sont prévus pour agir dans ce domaine pourtant vital. Il est souligné que l'objectif de compétitivité de l'industrie « ne constitue pas une base pour l'introduction par l'Union de quelque mesure que ce soit pouvant entraîner des distorsions de concurrence ou comportant des dispositions fiscales ou relatives aux droits et intérêts des travailleurs salariés » (article III-279-3). **La concurrence passe, comme d'habitude, avant la politique industrielle, et avant toute autre considération.**

La Constitution va jusqu'à entraver les politiques industrielles que les États membres voudraient mener sur une base nationale. Sont ainsi combattues les mesures de soutien que ceux-ci pourraient décider pour dynamiser un secteur ou sortir une grande entreprise d'une mauvaise passe. L'article III-167 est significatif : « Sauf dérogations prévues par la Constitution, sont incompatibles avec le marché intérieur [...] les aides accordées par les États membres ou au moyen de ressources d'État sous quelque forme que ce soit qui faussent ou menacent de fausser la concurrence en favorisant certaines entreprises ou certaines productions. » Avec une telle disposition, comment, pour le gouvernement français par exemple, lutter contre les faillites ou les délocalisations ?

Lesquelles risquent même d'être encouragées hors de l'Union européenne. L'article III-156 prévoit en effet que « les restrictions tant aux mouvements de capitaux qu'aux paiements entre les États membres et entre les États membres et les pays tiers sont interdites ». L'article III-157-2 confirme que « le Parlement européen et le Conseil s'efforcent de réaliser l'objectif de libre circulation des capitaux entre États membres et pays tiers dans la plus large mesure possible ».

L'article III-157-3 ajoute que « seule une loi ou une loi-cadre européenne du Conseil des ministres peut établir des mesures qui constituent un recul dans le droit de l'Union en ce qui concerne la libéralisation de capitaux à destination ou en provenance de pays tiers. Le Conseil statue à l'unanimité ». On voit mal dès lors comment l'Union pourrait agir efficacement contre le volet financier des délocalisations. Un État membre qui prendrait des mesures énergiques en la matière risquerait de se mettre en contravention avec la Constitution.

• Le manque de souplesse budgétaire

Pour l'Europe comme pour les États nationaux, le budget est un outil décisif. C'est la colonne vertébrale de toute politique volontariste : recherche, infrastructures et réseaux transeuropéens, innovation, formation, les besoins sont vastes. L'Europe devrait être à l'offensive. Or le projet de Constitution limite strictement les possibilités d'action budgétaire. Le principe selon lequel le budget européen doit être équilibré en recettes et en dépenses est pérennisé (article I-53-2). Il ne peut pas y avoir d'emprunt européen. Le système des ressources propres est décidé par le Conseil à l'unanimité et doit être approuvé par chaque État membre (article I-54). Le cadre financier pluriannuel est voté à l'unanimité. Le Conseil européen peut, certes, autoriser le Conseil à statuer à la majorité qualifiée, mais il ne peut décider cette autorisation qu'à... l'unanimité. Tout État membre disposera donc d'un pouvoir de blocage sur les recettes et sur les dépenses.

Les débats en cours sur les prochaines « perspectives financières » de l'Union montrent d'ailleurs que la plupart des États membres sont d'abord inspirés par le souci de limiter leur propre contribution ou de favoriser les actions dont ils pensent bénéficier. Bref, **alors que l'Europe et ses besoins s'élargissent, notre Union se paupérise.** Doit-on accepter de constitutionnaliser ainsi une Europe « au rabais », dans tous les sens du terme ?

Pas de moyens d'action suffisants pour les États membres

Le texte ne confère pas à l'Union les marges de manœuvre pour mener une politique économique propre. Il risque, en outre, d'entraver les politiques des États membres. Ceux-ci ne pourront pas, séparément ou en unissant leurs efforts, pallier les carences de l'Union. Le projet de Constitution conduit en effet à promouvoir la concurrence fiscale et relègue le service public au rôle, second, d'une exception.

- Vive la concurrence fiscale !

Depuis sa création, l'Union a poursuivi un seul objectif en matière d'impôts et de taxes : la liberté des échanges. Son attention s'est focalisée sur la TVA et les droits indirects. En revanche, elle s'est abstenue de toute action concernant les impôts directs, en particulier sur les entreprises. Le projet de Constitution fige cette orientation dans son titre fiscal (articles III-170 et III-171) : **il n'y aura pas d'harmonisation de la fiscalité directe et la règle de l'unanimité restera en vigueur.**

Or, la fiscalité sur les entreprises des nouveaux États membres est en moyenne deux fois inférieure à celle des six pays fondateurs. L'Estonie a un impôt sur les sociétés à taux zéro ! Ces États ont confirmé leur intention d'utiliser cet instrument pour attirer les entreprises. Plusieurs envisagent même de continuer à baisser leur fiscalité. L'exception irlandaise d'hier devient la règle, et même le modèle. La concurrence fiscale est non seulement admise, reconnue, mais offerte en exemple.

Certes, il faut éviter de charger la barque ; mais, systématisée, la tendance conduit à une spirale de réduction des recettes, donc des moyens budgétaires et des dépenses consacrées au social ou à la préparation du futur. Y compris dans les pays de l'ancienne Europe des quinze, ainsi privés de leurs marges de manœuvre. Quel meilleur moyen de contraindre les États à diminuer leurs dépenses publiques, puisque leurs recettes sont désormais susceptibles de se réduire massivement !

Sans oublier les conséquences sur nos collectivités locales du cocktail à base d'Union élargie et de recettes amoindries. Alors que leur situation financière est déjà grevée par les transferts de charges dans le cadre de la « pseudo-décentralisation » du gouvernement Raffarin-Sarzozy, ces collectivités risquent de voir s'assécher la source des « fonds structurels » qui facilitent les équipements et les projets d'avenir. Les territoires sont les grands oubliés du titre III de la Constitution.

Cerise sur le gâteau : alors que la Convention présidée par V. Giscard d'Estaing avait prévu une amélioration de la coopération européenne en matière de lutte contre la fraude fiscale, le blanchiment d'argent et pour la supervision des paradis fiscaux, la Constitution, en retrait par rapport à ces propositions, ne prévoit aucun progrès dans ce domaine.

- Le service public ? L'exception... qui confirme la règle

L'Union européenne a toujours considéré le service public comme une sorte d'anomalie que l'extension de la concurrence devait ramener à un statut d'exception, résiduel et encadré. En dépit des apparences, cette approche est confirmée par la Constitution.

Certes, les articles II-96, III-122 et III-238 contiennent des dispositions favorables à ce qui est appelé « services d'intérêt économique général » (SIEG). Mais que faut-il entendre par SIEG ? Le texte n'apporte aucune réponse claire. Les directives adoptées dans les années 1990 sur les télécommunications, la poste, l'énergie ou les transports donnent, elles, un indice : le « service universel » que la Constitution prétend vouloir préserver n'est rien d'autre qu'un service minimal garanti, très en deçà de la conception française des services publics.

En outre, les articles qui mentionnent ces fameux SIEG renvoient à d'autres, notamment les III-166 et III-167, qui réaffirment, eux, le primat des « règles de la concurrence » sur les services publics, auxquelles ils ne constituent qu'une dérogation, très encadrée. La Cour de justice des Communautés européennes (CJCE) interprète de façon stricte ces exceptions. Il est donc illusoire de voir dans la mention des SIEG une avancée décisive vers la reconnaissance effective des services publics.

Sur le fond, le projet de Constitution est limpide : **la concurrence passe avant les exigences de développement industriel, de protection de l'environnement, de sécurité des usagers, de qualité du service et de protection du niveau social des personnels**. Il faut bien comprendre l'enjeu : si tout est dominé par la concurrence, et donc le plus souvent privatisé – car cela suit logiquement –, qui réalisera les investissements dont nous avons besoin pour les grandes infrastructures ? Qui assurera l'égalité de desserte postale ou le fonctionnement des lignes de chemin de fer peu rentables mais vitales pour les régions enclavées ? Sans aide publique, nos services publics devront financer eux-mêmes leur fonctionnement et leur développement alors même qu'ils seront soumis à la concurrence. Ne restera comme alternative que celle-ci : augmenter les tarifs ou réduire les prestations. Le contre-exemple britannique montre qu'une intervention publique efficace peut être préférable à la multiplication d'intervenants privés, concurrents mais paupérisés.

Les tenants du « oui » ont donc raison de dire que la Commission tient enfin une base pour légiférer en matière de services publics, mais ce n'est pas dans le sens qu'ils croient : enserrée dans les contraintes posées par la Constitution, une loi-cadre ne viendra que confirmer le caractère dérogatoire et finalement subordonné des services publics. Quand service public il y a, il devra être limité, son fonctionnement restreint, l'implication de l'État placée sous contrôle, et le financement rationné.

Et pour ceux qui imaginent que l'Union pourrait prendre elle-même des initiatives de développement des industries de réseaux, les articles II-96 et III-122 rappellent que la fourniture des services d'intérêt économique général (SIEG) est de la compétence des États, ce qui exclut leur instauration à l'échelle européenne. N'est-ce pas, pourtant, le bon niveau pour concevoir certains services publics ? Et s'il est vrai que le texte, reproduisant des dispositions existantes, prévoit la mise en place de réseaux transeuropéens (articles III-246 et III-247), il précise aussitôt que l'Union doit agir « dans le cadre d'un système de marchés ouverts et concurrentiels » (article III-246-2) et en tenant compte de la « viabilité économique des projets » (article III-247-1), sans prendre en considération la notion même de services publics ou de biens collectifs européens.

La conclusion est malheureusement facile à tirer : non seulement l'Union ne développera pas les services publics, mais elle continuera d'encadrer strictement les initiatives des États en la matière.

Pas de défense européenne

Social, économie, moyens d'action : la défense est le quatrième point sur lequel la Constitution n'est pas seulement décevante, mais contestable.

L'objectif affirmé de la « politique de sécurité et de défense commune » (PSDC) est de permettre aux États membres (article I-41-1) de s'associer pour effectuer des « missions en dehors de l'Union ». Cela signifie que **cette politique n'a pas pour objectif d'assurer la défense collective de l'Union proprement dite, mais de permettre des interventions sur des « théâtres extérieurs » :** la liste des missions pouvant entrer dans le cadre de la PSDC (article III-309) ne contient que des actions extérieures de gestion de crise. En outre, les décisions entrant dans le cadre de la PSDC (initiative de lancer une mission, définition des moyens à y affecter) doivent être prises à l'unanimité (I-41-4), ce qui les rend très difficiles.

Également important est le fait que « l'exécution de ces tâches repose sur les capacités fournies par les États membres » (I-41-1) : il s'agit de mener des actions conjointes liées à des missions ponctuelles, en associant des moyens militaires nationaux, non de créer une « armée européenne ». Certes, une possibilité est ouverte par l'article I-41-6 : l'établissement de « coopérations structurées permanentes » entre États volontaires. La décision d'autoriser le lancement de ce type de coopérations est prise par le Conseil à la majorité qualifiée, ce qui peut faciliter les choses. Mais elle ne peut concerner que des actions extérieures de gestion de crise. En aucun cas **cela ne saurait ouvrir la voie à l'organisation commune de la défense de l'Europe**.

Concernant la défense collective de l'Union au sens plein du terme, le projet de Constitution tend à la maintenir sous la tutelle de l'OTAN. Il est précisé à l'article I-41-2 que « la politique de l'Union au sens du présent article [...] respecte les obligations découlant du traité de l'Atlantique Nord ». Et pour que les choses soient parfaitement claires, la clause d'assistance mutuelle en cas d'agression armée sur le territoire d'un État membre (article I-41-7) est subordonnée aux « **engagements souscrits au sein de l'OTAN qui reste pour les États qui en sont membres le fondement de leur défense collective et l'instance de sa mise en œuvre** ».

Certes, la Constitution contient une possibilité théorique de passage de la PSDC à une « politique de défense commune de l'Union » (article I-41-2, premier alinéa). Mais elle n'en précise pas le contenu et insiste surtout sur le fait qu'une telle politique devrait avant tout respecter les engagements souscrits au sein de l'OTAN et les situations particulières des pays neutres : c'est en réalité la vider de son sens. De toute façon, une telle orientation requiert une décision unanime du Conseil européen et elle a donc toutes les chances de rester virtuelle. On peut compter sur les pays les plus atlantistes pour bloquer toute évolution dans cette direction.

Autrement dit, et malgré l'ouverture que représente l'Agence européenne de défense, ce texte propose de constitutionnaliser la faiblesse de l'Europe en matière de défense.

Pas de protection de l'environnement à la hauteur des enjeux

Le XXIe siècle sera marqué par un défi majeur pour la planète en ce qui concerne l'environnement, les changements climatiques et la réduction de la biodiversité. Si on n'agit pas, les scientifiques considèrent que l'avenir même de l'espèce humaine pourrait être compromis. L'Europe compte à son actif plusieurs réussites en matière d'environnement, par exemple son rôle moteur pour la mise en œuvre du protocole de Kyoto. La Constitution indique qu'elle doit œuvrer pour le développement durable, terme évoqué déjà dans le traité de Maastricht. Mais les principes et les limitations de moyens énoncés expressément dans le texte empêcheront l'Union de mener des politiques à la hauteur des enjeux.

S'agissant des principes, l'objectif indiqué est une croissance équilibrée et la nécessité de promouvoir le progrès scientifique et technique (article I-3-3), sans qu'on s'interroge sur leur contenu ni sur leur orientation. La Charte des droits fondamentaux n'intègre pas les notions de « protection du patrimoine naturel » et de « droit à un environnement sain et de qualité », qui figurent pourtant de plus en plus dans la Constitution nationale des États membres.

Concernant les moyens d'action, l'interdiction d'emprunter faite à l'Union risque d'empêcher toute politique volontariste par manque de financements suffisants pour les projets à long terme (économies d'énergie ou développement du transport ferroviaire). L'unanimité requise rend illusoire l'harmonisation de la fiscalité sur le gazole, qui constitue pourtant une étape nécessaire de la lutte contre l'effet de serre et contre le modèle « tout-camion ». Rien n'est prévu pour lutter contre les délocalisations motivées par la protection de l'environnement, qui ont tendance à s'accroître. Cette « protection de l'environnement » ne figure ni dans les articles consacrés à l'agriculture (III-225 à 232) ni dans les objectifs de la politique agricole commune (III-227). La lutte contre l'effet de serre et contre la pollution de l'air avec ses effets sur la santé publique n'est pas même citée dans les articles consacrés aux transports (articles III-133 à 143).

Les progrès européens en matière d'environnement ont été atteints dans le passé par une politique active de normes et de réglementation. À l'avenir, pour être à la hauteur des enjeux, cette politique devrait s'inscrire dans un cadre plus clair d'incitation, de soutien budgétaire et d'application du principe pollueur payeur à travers les différentes politiques publiques. Malheureusement tel ne sera pas le cas avec le texte actuel de la Constitution.

4 – UN TEXTE PARALYSANT

Dans une Union à 25, demain à 30, et donc hétérogène, il est vital que ceux des États qui souhaitent aller plus vite et plus loin ensemble puissent le faire.

Une telle différenciation passe, juridiquement, par la mise en place de « coopérations renforcées ». La possibilité pour une partie des États membres de nouer entre eux ces coopérations a été ouverte par le traité d'Amsterdam. Le traité de Nice en a précisé les conditions : elles doivent réunir au moins 8 États membres et être ouvertes à tous ; elles « ne peuvent être engagées qu'en dernier ressort », c'est-à-dire s'il apparaît que la politique concernée ne pourra pas être mise en place « dans un délai raisonnable » dans l'ensemble de l'Union ; des clauses spécifiques sont prévues pour la politique étrangère et de sécurité commune (PESC) et pour la justice ainsi que pour les affaires intérieures (JAI).

Pas d'avant-gardes praticables

Je constate qu'à ce jour aucune « coopération renforcée » n'a été créée. Le projet de Constitution apporte quelques modifications qui, malheureusement, n'en favoriseront pas le lancement.

Le seuil requis est en fait relevé puisqu'il est porté à un tiers des États membres (soit 10 pour 29 membres). Plus l'Europe s'élargira, plus il faudra réunir un grand nombre d'États partenaires pour lancer une coopération renforcée, sans que soit prévue une pondération en fonction des populations concernées.

Des conditions procédurales sont durcies par rapport au traité de Nice. Hors du domaine de la politique étrangère et de sécurité commune (PESC), une proposition de la Commission est indispensable pour lancer le processus, et cette exigence est désormais étendue à l'espace de coopération renforcée de liberté, de sécurité et de justice. Rien n'oblige la Commission à formuler une proposition, même au cas où elle est sollicitée. Si un tiers des États membres se regroupent et si la Commission accepte de formuler une proposition, il faudra encore passer l'obstacle de l'approbation par le Parlement. Et celui des Parlements nationaux, s'ils veulent faire jouer la règle de subsidiarité. Dans le domaine de la PESC, l'exigence de l'unanimité est requise, sauf décision contraire... elle-même prise à l'unanimité.

La « clause de dernier recours », dont l'interprétation renvoie à une notion vague de « délai raisonnable », est maintenue, permettant à un État de s'opposer devant la Cour de justice des Communautés européennes à l'initiative prise par certains autres.

De fortes restrictions continuent à peser sur l'objet et le but de ces coopérations renforcées. Elles doivent respecter « la Constitution et le droit de l'Union » (article III-416), donc les orientations de chaque politique contenue dans la partie III. Elles ne peuvent être lancées qu'en dehors des domaines de compétence exclusive de l'Union, ce qui écarte par exemple toutes les questions comportant une incidence sur le régime de la concurrence ou, pour les pays de la zone euro, sur la politique monétaire. Elles « ne peuvent porter atteinte au marché intérieur [...]. Elles ne peuvent constituer ni une entrave ni une discrimination aux échanges entre les États membres ni provoquer de distorsions de concurrence entre ceux-ci » (article III-416), clause qui risque d'écarter des coopérations renforcées en matière fiscale ou de politique industrielle. Dans le domaine de l'environnement, toute réglementation, toute taxe à finalité écologique que déciderait d'instaurer un groupe de pays introduirait de telles distorsions et serait impossible.

Les « coopérations renforcées » ont donc de fortes chances de ne pas être mises en œuvre : lourdes à lancer, complexes dans leur processus, elles sont limitées dans leur champ. Elles sont pourtant essentielles pour permettre à l'Europe d'avancer. Les États euro-volontaires risquent d'être ligotés par les États euro-réticents. Comment l'accepter dans une Europe élargie, sauf à condamner cette Europe à l'enlisement ?

Pas de révision probable

Avant la fin des travaux de la Conférence intergouvernementale (CIG), j'avais indiqué, comme beaucoup d'autres, que je serais particulièrement attentif aux procédures de révision prévues par le projet de Constitution. Chacun comprend l'enjeu : limiter les possibilités d'améliorer un texte, surtout quand celui-ci est critiquable, revient à hypothéquer son avenir et à renoncer à sa liberté d'agir. Soumises à la règle de l'unanimité et n'opérant pas de véritable distinction entre les matières du texte, les procédures prévues pour une révision sont complexes. En raison des contraintes imposées à leur mise en œuvre, elles risquent d'être carrément inapplicables.

Le projet de Constitution prévoit en effet quatre formules de révision :

- la procédure ordinaire (article IV-443), qui nécessite la réunion d'une Convention;
- la procédure de révision simplifiée de l'article IV-444 concernant l'utilisation de « clauses passerelles » (permettant de passer d'une procédure de décision à l'unanimité à une procédure de décision à la majorité qualifiée, mais cela à la suite d'un vote intervenu lui-même... à l'unanimité);
- la procédure de révision simplifiée de l'article IV-445 concernant les politiques et actions internes, qui

ne nécessite pas la réunion d'une Convention, mais requiert toujours la ratification unanime ;

- une « clause de flexibilité » prévue à l'article I-18 permettant d'étendre les compétences de l'Union, mais assortie d'une limitation importante : elle ne saurait conduire à « l'harmonisation des dispositions législatives et réglementaires des États membres dans les cas où la Constitution exclut une telle harmonisation » (article I-18-3). Les champs sociaux et fiscaux, entre autres, sont ici visés et donc exclus.

On pourrait penser qu'avec ce luxe de possibilités, le texte offre une souplesse remarquable. C'est tout le contraire : ces dispositions sont subordonnées à des conditions tellement strictes qu'il sera pratiquement impossible de les mettre en œuvre !

Les démarches à suivre pour recourir à ces diverses formules de révision varient. **Elles ont néanmoins un point commun : dans tous les cas, il faut l'unanimité du Conseil.** À cette condition fondamentale s'ajoutent d'autres exigences : pour la procédure ordinaire, une ratification par tous les États membres ; pour la révision simplifiée, l'accord du Parlement européen et des Parlements nationaux de tous les États membres. L'utilisation des « clauses passerelles » n'est possible que si la Commission veut bien émettre une proposition dans ce sens. Il en va de même pour la mise en œuvre de la clause de flexibilité, subordonnée en outre à l'approbation par le Parlement européen.

Arrêtons-nous sur l'essentiel. **Le projet de Constitution traite non seulement des institutions, mais aussi des politiques de l'Union. Puisqu'il y a impossibilité pratique de réviser le texte, il sera donc très difficile de modifier les politiques elles-mêmes**, dont j'ai montré les défauts et souvent les dangers.

À cela, les partisans du oui croient trouver une réponse. Certes, disent-ils, cette Constitution ne peut être révisée qu'à l'unanimité, mais c'était déjà le cas des précédents traités et il a pourtant été possible de les faire évoluer. Mais ce raisonnement ne tient pas compte de l'évolution de l'Europe ! Les révisions précédentes ont été acquises entre des États moins nombreux, plus homogènes, unis par des affinités qui facilitaient le dialogue et la recherche du consensus. Les difficultés vont augmenter, entre des pays plus nombreux et d'une grande diversité. En outre, on a pu amender les traités antérieurs sur des points limités où un consensus était possible ; à l'avenir, compte tenu du degré d'avancement de la construction européenne, le problème de la révision risque d'être posé pour des points sur lesquels on sait qu'il n'y aura vraisemblablement pas de consensus, par exemple la fiscalité ou la défense.

Enfin, si ce texte de Constitution était adopté, et dans plusieurs pays par référendum, sa légitimité – et donc la difficulté à le réviser – serait beaucoup plus forte qu'avec le traité de Nice présenté d'emblée comme transitoire.

Mon intime conviction est que les procédures de révision prévues représentent un verrou supplémentaire, l'ultime verrou. **Dès lors, la question soumise aux Français se résume en fin de compte à celle-ci, assez brutale : voulez-vous prendre un aller simple, sans retour possible, pour une Europe diluée, libérale et atlantiste ?**

II

Comment en est-on arrivé là ?

Cette Constitution, dont j'ai passé en revue les principales dispositions sans prendre nos désirs pour la réalité, ne vient pas de nulle part. Elle prolonge, formalise et consacre une décennie où l'Europe a gagné en espace mais a perdu en volonté, en cohérence et en solidarité.

1 – DIX ANS SANS VOLONTÉ SUFFISANTE POUR L'EUROPE

« La construction européenne est une démarche magnifique. Il serait inacceptable qu'elle se transforme en un triste triptyque : dilution, division, démission. » Cette inquiétude, je l'exprimais déjà par ces mots en février 2000. La réalité l'a malheureusement confirmée et amplifiée.

Les réussites du passé : la paix et les solidarités de fait

L'Europe du plan Schuman en 1950 est née d'une exigence : celle de ne plus jamais connaître les atrocités de la barbarie nazie. Ont suivi la Communauté européenne du charbon et de l'acier en 1951, puis la Communauté de l'énergie atomique et le traité de Rome en 1957, avec, à chaque étape, la volonté de construire l'Europe sur deux socles : la réconciliation franco-allemande et la création de solidarités de fait, notamment dans le domaine économique.

La main tendue par la France à l'Allemagne vaincue a mis fin à un siècle et demi de destruction européenne. Les grandes étapes qui ont suivi découlent de cet acte fondateur : de Gaulle et Adenauer signent en janvier 1963 le traité de l'Élysée; Giscard d'Estaing et Schmidt lancent les réunions du Conseil européen en 1974 et l'élection du Parlement européen au suffrage universel en 1979; Mitterrand et Kohl, pères de l'euro, se donnent la main à Verdun pour sceller la fin de l'« Âge des extrêmes ». Promesse de renouveau, l'accord de la France et de l'Allemagne fournit à l'Europe son moteur.

L'autre intuition féconde des fondateurs est l'accent placé sur les réalisations concrètes, la création de solidarités de fait. Depuis la mise en commun du charbon et de l'acier jusqu'à la monnaie unique en passant par une politique commerciale extérieure unique, cette méthode a montré son efficacité. C'est une œuvre immense, achevée en quarante années à peine. Mitterrand, Delors, Kohl, beaucoup d'autres ont donné corps au projet des pères fondateurs : Schuman, Monnet, De Gasperi, Spaak et Adenauer.

La dérive du présent : l'élargissement sans l'approfondissement

Après ces succès, le tournant de l'après-Maastricht, reconnaissons-le, a été mal négocié. L'Europe a dérapé et quitté la voie qui lui avait si bien réussi depuis le plan Schuman. Aussitôt prise la décision d'adopter une monnaie unique, il aurait fallu franchir deux nouvelles étapes : approfondir les politiques communautaires et améliorer le fonctionnement des institutions, d'une part ; jeter les fondements d'une Europe-puissance, d'autre part.

Or, la volonté a manqué. Et l'Union a vite été détournée par une autre nécessité : réaliser rapidement l'unité du continent après la chute du mur de Berlin. Je suis sensible à ce qu'une telle entreprise comportait de générosité et de logique politique. Les retrouvailles de l'Europe avec sa géographie et avec son histoire étaient indispensables pour que le fossé ne se creuse pas entre les deux Europe. Mais l'élargissement n'a pas été préparé correctement. Ni pour l'Union, ni pour ses États membres, ni pour les nouveaux entrants. Il aurait fallu prendre davantage de temps et prévoir une sorte de plan Marshall pour les candidats à l'adhésion. L'Union, et je le regrette, s'est contentée d'appliquer une stratégie minimale.

Pendant que l'on se préparait (plutôt mal) à l'élargissement, aucune politique commune de l'Europe n'était suffisamment repensée ni relancée pour faire face aux temps nouveaux. Bien qu'érigée en nouveau « pilier » institutionnel de l'Union, la politique étrangère et de défense commune était négligée dans les faits. Les progrès vers l'harmonisation fiscale et sociale étaient ténus. Le gouvernement économique de l'euro restait virtuel. Presque partout, et malgré certaines exceptions heureuses, les exigences de l'Union ont cédé le pas aux facilités d'une coopération molle et d'une convergence paresseuse.

Le résultat ? C'est notre présent. Une Europe des règles techniques où la procédure est l'enjeu central, où le marché est le principal régulateur, où l'identité et le projet communs reculent sous l'amoncellement des compromis incertains. Cet espace souvent bénéfique aux puissants, dur aux fragiles, dépourvu d'une suffisante solidarité et fraternité, ressemble beaucoup à l'Europe dont rêvait Mme Thatcher : un marché garanti par des règles contraignantes, une mécanique qui libère la concurrence mais entrave les initiatives des États et bride l'exercice de politiques volontaires. Comme si les adversaires du traité de Rome devaient finir par l'emporter !

Comment, dès lors, ne pas comprendre le désarroi des citoyens ? Les nouveaux venus se sentent plutôt mal accueillis dans une maison où peu a été préparé pour eux. Les plus anciens prennent conscience que l'Europe s'éloigne de l'ambition des pères fondateurs. Quant à la France, elle commence à mesurer aujourd'hui que ses intérêts sont moins bien défendus avec une procédure de vote qui entraîne la diminution de sa voix, au Conseil et au Parlement. Son influence rétrécit ainsi qu'en témoigne la minceur du portefeuille attribué récemment à son commissaire. La crise irakienne a montré le recul de notre position, pourtant juste, et le poids de l'influence américaine sur l'« Europe nouvelle ». Nous avons perdu le cap.

Je crains malheureusement que nous ne soyons en train de poursuivre sur la même voie et que nous ne reproduisions les mêmes erreurs avec les nouveaux élargissements prévus. En 2007, la Bulgarie et la Roumanie nous rejoindront. La Croatie devrait rapidement suivre. L'adhésion du reste des pays des Balkans est envisagée avant 2015. Certains programment maintenant celle de la Turquie.

2 – VERS UNE EUROPE À L'ANGLAISE

Ma conviction est qu'il n'y avait – et qu'il n'y a toujours – aucune fatalité à cette évolution. Dans une tribune publiée en janvier 1996, j'affirmais que j'étais partisan de l'élargissement

« pourvu que, au préalable, je dis bien au préalable, les questions précises institutionnelles, entre autres portant sur le fonctionnement de l'Union, aient été réglées. Sinon, je sais trop ce qui se passera : on prétendra que la seule réponse à la compétition mondiale se trouve dans la baisse des protections sociales européennes, l'Europe deviendra une zone de libre-échange, c'est-à-dire un terrain vague. On papotera, on diluera, puis on échouera ». J'aurais préféré m'être trompé !

L'Europe « terrain vague »

Bien d'autres que moi ont souligné ces périls. À propos de l'élargissement, François Mitterrand avait tenté de tempérer les enthousiasmes naïfs et de créer les conditions d'un rapprochement entre les deux parties de l'Europe. Sa proposition de Confédération européenne traçait une voie qui aurait sans doute permis de concilier la dette historique à l'égard des peuples de l'Est et l'approfondissement du projet européen.

À peine entré en fonctions, Jacques Chirac a tout promis... et pratiquement tout cédé. Pour lui qui n'était pas un grand partisan de l'Europe, l'élargissement a tenu lieu de projet. Par la suite, après avoir précipité l'entrée de dix nouveaux membres, il a jugé « impoli » qu'ils puissent dire leur mot sur les affaires du monde... Et il s'est trop peu soucié de l'unité des Européens lors de la crise irakienne. Résultat : nous nous sommes aliénés la plupart de ces nouveaux États.

Délaissant l'influence sur la scène européenne, notre diplomatie l'a recherchée dans d'autres enceintes. Tant mieux pour le panache; mais tant pis pour l'Europe. Tant pis, surtout, pour notre capacité à peser dans les négociations du processus constitutionnel. J'ai eu la curiosité de lire la première intervention du ministre français des Affaires étrangères le 5 décembre 2002, après sa nomination à la Convention sur l'avenir de l'Europe. De la part d'un homme habitué au verbe haut, on aurait pu attendre sinon une ambition, du moins une perspective : en vain. Sa seule exigence a été le maintien de la politique agricole commune (PAC). Tout le reste fut déclaré négociable. Résultat : nous avons perdu à la fois la PAC – qui sera démantelée au cours de la prochaine décennie – et le reste, c'est-à-dire la relance de la construction européenne par une Constitution claire et ambitieuse.

Alors que la diplomatie française abandonnait ce terrain, une autre l'investissait avec réalisme et efficacité : la diplomatie britannique. Je n'ai aucune prévention d'aucune sorte envers nos voisins d'outre-Manche. J'admire le génie de leur nation. Mais entre amis, il faut se dire la vérité. « Franchement, Tony, si nous, socialistes, nous ne sommes pas les avocats et les architectes d'une Europe sociale, alors à quoi servons-nous ? » Ainsi interpellais-je cordialement Tony Blair en juillet 2003, à Londres, lors d'une conférence des leaders progressistes. Car les Britanniques portent bel et bien une conception différente de l'Europe, marquée par toujours davantage d'espace et en général moins de solidarité. Plus de dix ans après Maastricht, ils ont obtenu les élargissements successifs qu'ils exigeaient, sans concéder d'approfondissement.

La version actuelle de la Constitution est à ce point une construction anglaise que Robert Badinter a pu la surnommer « la Britannique ». Le secrétaire général de la Convention sur l'avenir de l'Europe, principal rédacteur de la Constitution, n'était-il pas un ancien secrétaire permanent du Foreign Office ? Hier, fervents partisans du passage à 25 membres, les Britanniques attendent aujourd'hui avec impatience les prochains élargissements. Le 1er mai 2004, jour de l'entrée des 10 nouveaux États, Tony Blair écrivait : « Nous n'en sommes pas à notre dernier élargissement. La Bulgarie et la Roumanie sont dans l'antichambre – elles adhéreront sans doute d'ici deux ou trois ans. La Turquie et la Croatie sont en bonne voie. La Grande-Bretagne se félicite de ces deux candidatures. » Une Europe toujours plus vaste avec toujours moins de cohésion : cette Europe en forme de « terrain vague » ne peut pas être la nôtre.

La Turquie, ou la question de la dilution

Avec le récent avis favorable émis par la Commission sur l'ouverture des négociations d'adhésion, la question turque s'invite dans le débat constitutionnel. Sylvie Goulard a publié récemment à ce sujet un livre éclairant, *Le Grand Turc et la République de Venise*. Je partage plusieurs de ses arguments.

En premier lieu, le manque de démocratie en Turquie. Certes, des progrès ont été enregistrés. Mais le peuple kurde reste privé de ses droits les plus élémentaires par un État qui, en outre, n'a toujours pas reconnu sa responsabilité dans le génocide arménien. Et peut-on parler de respect des droits de la personne, quand la torture est encore pratiquée ? Nous en sommes encore loin !

Deuxième argument : l'Union européenne ne dispose pas des moyens financiers pour intégrer correctement la Turquie, plus peuplée à elle seule que les 10 États ayant adhéré dernièrement. Un récent rapport de la Commission de Bruxelles estime à plus de 25 milliards d'euros par an (près d'un quart du budget actuel de l'Union) les dépenses induites par une éventuelle adhésion de la Turquie. Et cela alors même que plusieurs gouvernements – dont la France – réclament le plafonnement des budgets communautaires, à tort d'ailleurs. Soulever ces questions ne revient pas à faire preuve de mesquinerie ; c'est, au contraire, une attitude politiquement responsable, qui respecte nos amis turcs et qui respecte l'Union.

Si l'on souligne, en outre, l'incapacité politique de l'Union à améliorer vraiment ses modes de décision, l'élargissement à la Turquie risque de signifier le renoncement effectif au projet d'une Europe-puissance. En effet, grâce à son poids démographique, la Turquie serait le premier décideur de l'Union (avec 20 % de voix de plus que la France).

Compte tenu de ses choix fondamentaux en matière de défense, de son lien vital avec les États-Unis et des écarts de développement économique et social avec le reste de l'Europe, tout nouvel approfondissement serait compromis.

J'ajoute enfin qu'on ne peut faire l'Europe sans tenir compte de la géographie et de l'histoire. Certes, quand il s'agit des frontières et de l'identité de l'Europe, l'une et l'autre sont matière à débat. Mais peut-on raisonnablement étendre l'Europe jusqu'à l'Irak ? Pourquoi alors ne pas y intégrer aussi le Proche-Orient, le Maghreb, l'ancienne URSS ! La géographie laisse certes une marge de manœuvre aux Européens, mais elle leur montre aussi ce qui serait une absurdité. Quant à l'histoire, elle témoigne que l'Europe constitue une communauté culturelle qui vient de loin et s'est lentement construite, en particulier au Moyen Âge. « L'Europe n'est pas vieille, écrit le grand historien Jacques Le Goff. Elle est ancienne... Et l'ancienneté bien utilisée est un atout. »

Comprenons-nous bien : évoquer l'histoire ne signifie pas mettre en cause la religion. La Bosnie, l'Albanie, musulmanes elles aussi, sont européennes. Elles feront partie de l'Europe dans un avenir plus ou moins proche. L'islam, de mon point de vue, est partie intégrante de l'histoire européenne. Pas la Turquie, dont le centre de gravité est ailleurs.

Étant donné la complexité de la situation, je suis partisan d'écarter à ce stade l'adhésion de la Turquie à l'Union européenne et de préparer de nouvelles négociations entre Européens d'abord, avec les Turcs ensuite, afin de trouver une formule qui sauvegarde l'identité et l'avenir de l'Europe sans pénaliser ni humilier la Turquie. La meilleure solution serait le partenariat.

Qu'il s'agisse de la Constitution européenne ou de l'adhésion de la Turquie, l'alternative est finalement la même : Europe-engrenage vers une vaste zone de libre-échange ou Europe-puissance, faite de cohésion sociale et de développement durable.

3 – LE CHEMIN DE FRANÇOIS MITTERRAND

Parce que je refuse l'Europe-engrenage, certains me reprochent de rompre le fil de l'engagement socialiste en faveur de l'Europe et de tourner le dos à la grande figure de François Mitterrand. Je me réjouis qu'ils se réclament de lui aujourd'hui. D'autant plus que, pour ma part, je ne pratique pas la fidélité à éclipses. L'Europe, j'ai contribué à la construire à ses côtés puis en écho à son message. Je garde encore en mémoire le discours magnifique qu'il prononça à Paris en juin 1992, peu de temps après la signature du traité de Maastricht. Texte prophétique, dans lequel il indiquait les dangers guettant l'Europe.

Mitterrand distinguait ainsi la voie que l'Europe devait suivre pour progresser, et celle qui la perdrait. Premier choix à opérer selon lui : bâtir une véritable communauté économique qui ne soit pas simplement une zone de libre-échange. La monnaie unique représentait un pas en avant, il fallait continuer. Puis, au-delà de l'« Europe des marchands », créer une union politique pour permettre à l'Europe de s'émanciper et d'exister pleinement.

Deuxième pas, approfondir l'intégration européenne avant d'élargir l'Europe, car une fois élargie, son approfondissement deviendrait presque impossible. Pour ce faire, il fallait lucidement envisager une intégration européenne à plusieurs vitesses. D'où le projet d'une Confédération européenne, ayant vocation à rassembler les États candidats avant de les intégrer dans l'Union. Mitterrand insistait aussi sur l'importance de lier toujours davantage le renforcement de l'Allemagne en Europe (consécutif notamment à sa réunification), avec l'approfondissement de l'intégration européenne. Enfin, il faudrait parvenir à bâtir l'Europe des citoyens, et pas seulement l'Europe technocratique, avancer en gardant à l'esprit que « la France est notre patrie, et l'Europe notre avenir ». Cela signifiait pour lui que la politique de la France – et en particulier sa politique étrangère – devait davantage « passer par l'Europe ». La France par l'Europe : tel est bien le chemin.

François Mitterrand dessinait là une Europe à la fois conforme à nos aspirations et inscrite dans la réalité. Depuis, la France a suivi une trajectoire différente. Le « scénario catastrophe » qu'il redoutait n'est plus si loin : l'Europe de la dilution. À ceux qui affirment aujourd'hui que Mitterrand aurait dit « oui » à ce projet de Constitution, je réponds que personne ne peut le savoir, mais qu'il aurait certainement commencé par mieux le négocier ! Car – et là est l'essentiel – la Constitution soumise à nos suffrages risque de nous entraîner là où nous ne voulons pas aller.

III

Réponses aux principaux arguments anti-non

Ma conviction est qu'il est encore temps d'agir pour obtenir une meilleure Constitution. C'est pourquoi je propose de dire non à ce texte. Aucun des arguments que l'on m'oppose ne résiste vraiment à l'analyse. Encore faut-il les examiner attentivement.

« Vous allez dire non à l'Europe »

C'est la première objection, la plus fréquente, la plus centrale : or elle est fausse. En fait, il ne s'agit nullement d'un « non à l'Europe », mais d'un « non à une dérive de l'Europe », d'un « non » qui tire précisément son origine et sa force d'un véritable engagement proeuropéen. Pour beaucoup, il est impensable de se prononcer contre un projet de Constitution, fût-il médiocre – ce que reconnaissent, en public ou en privé, nombre de partisans du oui. Et je conçois parfaitement que, par réflexe européen, il y ait quelque hésitation à dire « non ».

Je me suis longtemps interrogé, moi-même, sur la meilleure marche à suivre. Je suis désormais convaincu que c'est l'adoption même du projet qui menacerait durablement la construction européenne. Car le « oui » revient à prendre un risque plus grand que le « non ». Ce qui est en jeu, c'est la paralysie et la démolition progressive de ce que nous avons accompli ensemble depuis la fin de la Seconde Guerre mondiale.

Je ne dis pas « non » uniquement parce que je suis déçu par ce texte. La déception n'est pas une raison suffisante. À l'aune de nos aspirations, nous serons toujours déçus et je n'oublie pas la leçon de Jaurès liant l'idéal et le réel. Je dis « non » parce que je pense que c'est le seul moyen pour espérer sortir l'Europe de l'impasse actuelle. **Si la France dit « non » à cette Constitution, c'est la Constitution qui est remise en cause, pas l'appartenance de la France à l'Europe.**

Le « non » tranquille que je propose ouvre la perspective d'une renégociation conduite dans la clarté et sur la base de la légitimité que donnera aux futurs négociateurs français le « non » de leur pays.

« *Il n'y a aucun recul* »

Tout compte fait, soulignent certains, et malgré ses insuffisances, le projet de Constitution reprend les textes existants et il contient plus d'avancées que de reculs. Pourquoi, alors, le récuser ? À mon sens, ce n'est pas par rapport à tel ou tel traité précédent qu'il faut juger la Constitution, mais par rapport aux défis de l'avenir. J'en ai évoqué trois principaux : le nombre, la puissance et la solidarité. Le texte, en l'état actuel, n'y répond pas.

Il ne faut pas se laisser piéger par une rédaction souvent confuse et parfois habile, qui donne l'impression à chacun de trouver ce qu'il souhaite y voir figurer. Socialistes et sociaux-démocrates peuvent trouver motif à satisfaction dans quelques formulations ou articles. Ces derniers, pourtant, ont une portée juridique délibérément limitée, voire nulle. Le projet constitue un ensemble à dominante libérale, où les oasis sociales sont rares. Il écarte les réformes essentielles, dans le domaine économique comme dans celui de la politique étrangère et de sécurité.

« On améliorera ensuite »

On nous dit aussi : « Votez oui, et quelques mois après l'entrée en vigueur du texte, de nouvelles négociations seront engagées au sein d'une nouvelle Convention pour obtenir des améliorations. » **Les partisans du projet actuel nous promettent pour ensuite un traité social, l'harmonisation fiscale et sociale, la réorientation de la politique monétaire en faveur de la croissance et de l'emploi. En somme, le bon texte serait... le prochain**.

Outre qu'elle révèle les insuffisances de cette Constitution, une telle démarche est paradoxale et, à vrai dire, peu crédible : comment obtenir de telles avancées après avoir dit « oui » à un projet qui aura consacré l'inverse ? On constitutionnalise l'autonomie complète de la politique monétaire et, un an après, on réclamerait le contraire ! On entérine la règle de l'unanimité en matière fiscale, et, l'encre à peine sèche, on prétendrait imposer aux autres l'harmonisation de l'impôt sur les sociétés !

Si nous disons « oui », les États eurosceptiques auront beau jeu de nous prendre au piège de notre propre vote. Ils diront que si l'on a accepté ce texte, ce n'est pas pour en réclamer un autre le lendemain. Ils feront observer que si les peuples viennent de s'exprimer, ce n'est pas pour les contredire aussitôt. La messe sera dite et notre « oui » se retournera contre nous. D'autant plus que les États eurosceptiques auront les moyens juridiques de tout bloquer : l'unanimité sera requise pour tous les modes de révision et toutes les parties du texte.

Par tempérament personnel, je n'aime pas dire oui à ce que je désapprouve, au prétexte que les choses pourraient s'améliorer d'elles-mêmes ensuite. Et s'il s'agit simplement de calcul, je pense que le « oui » comporte un grand risque : l'arrêt de l'intégration et le verrouillage libéral de l'Europe. Alors qu'en cas de « non », la table des négociations sera réouverte. Juridiquement, le projet actuel sera remis en cause. Politiquement, les États devront tenir compte de la situation créée par le « non » de la France, le « non » proeuropéen d'un État fondateur. Pratiquement, chacun se remettra à discuter. Car l'Union doit être réformée, même les plus eurosceptiques le reconnaissent. Seul le « non » permet de rebattre les cartes et d'ouvrir le jeu.

« *Nous n'avons pas le choix* »

D'autres – ou les mêmes – ajoutent encore : ce texte est contestable bien sûr, mais nous n'avons pas le choix. On me permettra, d'abord, de ne pas trouver très cohérent d'appeler à la tenue d'un référendum après un vaste débat, pour ensuite expliquer qu'il n'existe qu'une seule réponse possible, le « oui » ! Un référendum n'a pas vocation à être un simple exercice de style. On ne peut à la fois vouloir réhabiliter le politique, plaider pour la démocratie participative, et pousser les citoyens à se comporter électoralement en moutons de Panurge.

On peut même se demander si des attitudes de ce type ne contribuent pas à la crise politique que connaît l'Union. N'oublions pas que lors des dernières élections européennes en juin 2004, sur 350 873 420 électeurs inscrits, 201 401 343 ont choisi de ne pas s'exprimer. Soit un taux d'abstention de 57,4 %. Celui-ci croît de scrutin en scrutin, et cela malgré les campagnes de communication toujours mieux alimentées et les admonestations des médias, toujours plus pressantes. Ces décrochages sont alarmants.

Pour ma part, je m'en voudrais de voter « oui » par résignation. Le pire qui puisse arriver à l'Europe serait de dériver dans l'indifférence des peuples et des citoyens. L'Europe n'est pas et n'a pas à être l'unanimité perpétuelle. Pourquoi faudrait-il toujours nous laisser prendre en otages par les partisans d'une Europe minimale et nous interdire de réagir ? Souvenons-nous de ce que disait François Mitterrand en 1982 à l'aube de la plus formidable décennie vécue par l'Europe : « Le devoir des responsables est de restituer à l'Europe la volonté politique qui lui manque. » Ce message doit nous guider alors que l'Europe est à la peine.

C'est aussi au nom d'une certaine idée de la politique que je dis « non ». Beaucoup de ceux qui, à gauche, soutiennent le « oui » ont critiqué fortement le texte depuis un an. Ils admettent que le projet est décevant, mais refusent d'agir en conséquence. Cette attitude ne nous mène-t-elle pas vers une sorte de « socialisme virtuel » : ambitieux dans les déclarations de campagne, nettement moins quand il s'agit de traduire dans les faits nos aspirations ? On ne peut pas renoncer systématiquement à la volonté politique. En définitive, on a toujours le choix.

« Les socialistes ont toujours dit oui »

Un autre argument est avancé : les socialistes ne peuvent pas voter « non », ce serait contraire à leur engagement européen. Certes, l'attachement à l'Europe fait partie de notre identité. Mais cet attachement n'est pas contesté et le rapport des socialistes à l'Europe est marqué par une permanence : l'exigence. Nous n'avons jamais été des eurobéats. Il y a toujours eu, à gauche, un débat vif et intense sur la manière dont la construction européenne pouvait s'articuler avec nos convictions. Cela ne veut pas dire que nous soyons moins européens que d'autres. Cela veut dire que nous ne confondons pas la fin et les moyens.

C'est pourquoi nous avons posé collectivement des exigences claires quant au contenu de la Constitution et à l'orientation du projet européen. Nous l'avons dit tout au long de la campagne électorale du printemps 2004, que nous avons placée sous le slogan « Et maintenant l'Europe sociale ! » : oui, nous voulons une Europe sociale. Dans le même esprit, lors des réunions de notre plus haute instance, notre Conseil national, en octobre 2003 et avril 2004, nous avons demandé :

— « que des mesures d'harmonisation de la fiscalité, de transparence, de taxation des mouvements de capitaux et de lutte contre l'évasion fiscale puissent être adoptées à la **majorité qualifiée**. Ce doit être aussi le cas en matière sociale. Les critères de la croissance doivent être introduits pour guider les interventions de la Commission et de la Banque centrale européenne » ;

— « que la Constitution **ne fige pas dans le marbre** toute évolution future, ce qui interdirait toute politique alternative ».

Ces exigences n'ont pas été satisfaites, loin s'en faut. Nous ne devons pas les abandonner. Afin de respecter – et c'est essentiel si nous voulons qu'ils nous respectent – les électeurs. Nous devons nous prononcer en conséquence.

« Il ne faut pas être isolés »

J'entends encore un autre argument : une relance par le « non » serait illusoire, car celui-ci isolerait les socialistes français de leurs amis européens, et la France de ses partenaires. On ajoute même : vous n'aurez personne avec qui renégocier la Constitution. Et pour faire bonne mesure : la France, hier à l'avant-garde de l'Europe, sera demain son boulet.

Pour ce qui est des socialistes européens, même si nous avons en commun – et je m'en réjouis – beaucoup de convictions, je ne ressens pas comme une catastrophe de me trouver en divergence avec tel ou tel. Et je mesure bien que l'engagement – que je comprends – à voter « oui » de nos camarades espagnols est d'abord lié aux refus répétés du gouvernement conservateur précédent de s'engager sur la voie de l'approfondissement de l'Europe.

Si nous pouvons nous trouver momentanément en désaccord avec les directions de plusieurs partis socialistes européens, je ne doute pas que de nombreux militants et électeurs socialistes à travers l'Europe nous approuvent. N'oublions pas quc nous sommes les seuls (avec les Belges) à en débattre. Dans plusieurs pays, au sein des syndicats, la discussion interne est déjà forte. De plus, prenons garde au suivisme : si nous avions craint il y a quelques années de nous retrouver isolés au sein de la social-démocratie européenne, l'Union de la gauche n'aurait jamais vu le jour. Mais surtout, dès lors qu'un « non » sera intervenu, je ne pense pas que nos camarades européens récuseraient une reprise des discussions, surtout si, comme je l'explique précisément plus loin, nos propositions ne sont pas maximalistes.

S'agissant de la France, on conviendra que l'isolement peut tout aussi bien être le fait de sa perte d'influence. Le processus n'est-il pas déjà en marche, après la négociation malencontreuse menée par le chef de l'État pour élaborer ce texte ? Pour la suite, rien ne garantit une solitude de la France. Certes, nous ne sommes pas tout seuls ; et nous n'avons pas à dicter notre point de vue. Mais le « non » rouvre la discussion, et les États sont réalistes. Le « non » français, dès lors que nous le choisissons par fidélité à notre ambition européenne et que nos contre-propositions sont pondérées, peut lancer une nouvelle dynamique. Il faut savoir résister seul par moments pour mieux rassembler un peu plus tard.

« *Le non, c'est l'archaïsme* »

On me dit aussi : « Vous êtes contre ce texte de Constitution, mais c'est le mouvement, il faut aller de l'avant. » Quand on voit un mur se profiler devant soi, est-il honteux de préférer le coup de frein à l'accélérateur? Ensuite et surtout, avancer vers où? Et reculer par rapport à quoi?

Je ne pense pas archaïque de croire qu'on peut être à la fois sincèrement européen et socialiste. Je ne pense pas archaïque de vouloir l'Europe puissante et solidaire contre l'Europe de la dilution et du libéralisme.

Et je ne crois pas non plus que cette position sur la Constitution engage automatiquement notre choix sur d'autres questions, également essentielles, comme par exemple l'éducation, la retraite, le logement, l'assurance-maladie ou la réforme de l'État. Je ne pense pas, sur ces sujets non plus, être du côté de l'archaïsme.

Le « non » ne séduirait, dit-on, qu'une France crispée, ignorante, frileuse devant l'ouverture des frontières ou l'accélération du progrès. Rien n'est plus méprisant. Il n'est pas exact que modernité doive nécessairement rimer avec marché, engrenage ou libéralisme. Modernité peut rimer aussi avec politique, volonté et progressisme. Je récuse l'idée d'une sorte de « modernité automatique » que nous n'aurions d'autre choix que d'entériner. Une Europe qui affirme son identité n'est certainement pas une Europe qui refuse de se réformer.

« Gare à la crise »

On nous dit enfin : un « non » de la France exercerait un effet désagrégateur. Le rejet du texte provoquerait une « crise grave » en Europe. Les égoïsmes nationaux reprendraient le dessus. Ce ne serait peut-être pas le « sauve-qui-peut » mais certainement le « chacun pour soi ». Je ne crois pas à ce scénario catastrophe.

Pour moi, d'abord, la « crise » ne s'installerait pas demain si nous votions « non » : la crise existe aujourd'hui en Europe ! Notre Union est incapable de remettre son économie sur la voie de la croissance, de l'innovation et du développement durable. Elle est maladroite à exister politiquement et diplomatiquement. Elle souffre de la désaffection de ses citoyens. Continuons sur cette voie et la crise s'approfondira. Il ne faut pas sous-estimer, par exemple, les dangers de la concurrence fiscale : je l'ai montré, elle peut venir briser la solidarité européenne construite depuis cinquante ans.

C'est avant tout l'état de l'Union aujourd'hui qui m'inquiète. C'est ce que va devenir l'Union au cas où ce texte serait adopté que nous devons craindre.

À l'inverse, si le projet n'est pas adopté, les institutions communautaires continueront de fonctionner normalement sur la base des traités existants. On oublie que l'entrée en vigueur de la Constitution n'est prévue que pour... novembre 2009, et que nous disposerons encore de temps pour améliorer l'ouvrage. Le besoin d'Europe s'imposera. Dans le contexte de la mondialisation et de ses menaces, chacun sait qu'elle constitue la bonne échelle pour agir. Je ne minimise nullement l'importance de notre décision, mais je crois que les gouvernements se remettront autour de la table pour reprendre le travail.

Souvenons-nous. L'histoire de l'Union européenne est remplie d'échéances difficiles et de remises en cause. On ne doit pas rechercher l'affrontement. Mais c'est le propre de toute construction longue et patiente que de connaître des phases de réflexion pour envisager la meilleure façon de poursuivre. Ces moments sont une nécessité, afin que chacun s'approprie le projet commun. Trois ans après le choc suscité par le rejet français de la Communauté européenne de défense, il y eut en 1957 le traité de Rome, qui fut un bon traité, et un nouveau départ, dans le bon sens. De même, en 1984, François Mitterrand n'hésita pas à dire « non » à Margaret Thatcher et, ainsi, débloqua la construction européenne. Et que dire du « non » du Parlement européen à la commission Barroso ? Une renégociation n'est pas une tragédie. Rendons-la possible en faisant le choix du « non ».

IV

Oui à une Europe puissante et solidaire

Un ultime argument est opposé à ceux qui, comme moi, refusent ce projet de Constitution : on nous dit « vous n'avez pas de solution de remplacement ». Or, si je refuse ce traité constitutionnel, c'est au nom d'une certaine idée de l'Europe. Cette idée est celle d'une Europe puissante et solidaire : puissante car, à l'heure de la mondialisation, l'Europe doit pouvoir effectivement peser sur le cours des choses ; solidaire, parce qu'une Union durable entre des peuples et des États ne peut pas être fondée sur la concurrence de tous contre tous. Mon « non » est un « non » de propositions, un « non » de projet.

Imaginons que la France – ou un autre État – dise « non ». Les négociations seront alors rouvertes. Pour avancer, il faudra éviter les deux écueils de ce texte : vouloir tout mélanger – les institutions et les politiques – dans un projet unique ; et méconnaître la diversité croissante de l'Europe, dont les États membres, toujours plus nombreux, ne pourront ni même ne voudront avancer tous d'un même pas.

Pour clarifier les choses et pour faire progresser l'Europe que les citoyens attendent, je propose une méthode :

— Notre Union a besoin de règles claires : la Constitution devra être recentrée sur les valeurs et les institutions de l'Union.

— Notre Union a besoin de relancer ses politiques communes : ce sera la matière d'un nouvel approfondissement.

— Notre Union a besoin d'une architecture politique viable : c'est le sens de l'Europe des trois cercles qu'il nous faut désormais construire.

1 – LES RÈGLES : UNE VÉRITABLE CONSTITUTION POUR L'EUROPE

Une Constitution doit faire de l'Europe une entité politique de plein exercice. Il n'est plus possible de se contenter de la démarche suivie jusqu'ici : juxtaposer des politiques communes et multiplier, sans cohérence, les outils institutionnels. L'Europe doit se définir par ses institutions, communes à tous, marque de son identité et condition de l'adhésion durable des citoyens. Les politiques, elles, évoluent et peuvent ne concerner qu'une partie des États. Pour que cela soit possible, il faut une structure institutionnelle commune solide.

Les principaux éléments de cette Constitution existent déjà dans le texte qui nous est soumis. C'est donc une renégociation à partir de l'existant que je demande ; en aucun cas il ne s'agira de repartir de zéro. En n'oubliant jamais qu'une Constitution a pour finalité de fixer les règles du jeu, et pas de figer le jeu lui-même.

Une Constitution, rien qu'une Constitution

Le texte actuel est un magma où tout se mélange. Il faut le clarifier pour n'en conserver que les dispositions de nature constitutionnelle. Ces dispositions sont les articles qui régissent les valeurs de l'Union et les droits de ses citoyens, ainsi que les compétences de l'Europe et l'organisation des institutions chargées de les mettre en œuvre.

Logiquement, les politiques n'ont pas à figurer dans la Constitution, puisqu'elles doivent pouvoir évoluer selon la volonté du législateur communautaire, s'adapter aux changements de circonstances, traduire dans les faits les alternances voulues par les électeurs.

Il serait donc sage de ne reprendre dans la future Constitution que, pour l'essentiel, les parties I, II et IV du projet actuel. Ce qui réduira considérablement sa longueur, sa complexité, et renforcera ainsi son caractère démocratique.

Devra figurer dans la Constitution le rôle des différentes institutions : Parlement, Conseil européen et Conseil des ministres, Commission, Cour de justice, président du Conseil et ministre européen des Affaires étrangères, ainsi que les différentes procédures de décision. On y retrouvera également la Charte des droits fondamentaux, si possible sans les limites aujourd'hui prévues quant à son application, ainsi que l'énumération des valeurs qui sont celles de l'Europe.

Contrairement à un État national, l'Union n'a pas de compétence universelle : elle ne dispose que des compétences que lui attribuent les États membres. Aussi la Constitution devra-t-elle préciser la liste et la répartition des compétences exclusives de l'Union, celles des États membres et les compétences partagées ainsi que les principes d'action pour ces compétences partagées, à savoir les principes de subsidiarité et de proportionnalité. Mais, faisant cela, elle ne dira pas dans quel sens chacune de ces compétences devra être exercée, car ce serait alors définir le contenu même des politiques qui en découlent.

Ce pacte fondamental pourrait être complété, sur le modèle de nos lois organiques, par d'autres textes destinés à être plus évolutifs. Une loi organique pourrait définir les procédures de décision applicables au sein de chaque domaine de compétence et les règles pour modifier ces procédures de décision. Une autre fixerait les modalités de financement de l'Union (éléments contenus dans le chapitre 2 du titre VI de la troisième partie – Dispositions financières). Ces lois organiques pourraient être modifiées sous des conditions moins contraignantes que la Constitution. Enfin, au bas de la pyramide, on trouverait les lois et les lois-cadres européennes qui détermineraient, à la majorité qualifiée, les politiques.

Une Constitution révisable

La souplesse d'une Constitution est la condition même de sa viabilité. Souplesse dans son application, souplesse dans son évolution. En démocratie, rien ne doit être irréversible. Sauf à vouloir assujettir les générations futures, toute Constitution doit pouvoir être revue, réformée, modifiée. *A fortiori* si, comme nous le propose le projet actuel, elle fixe non pas seulement un cadre, mais aussi un contenu... à dominante libérale.

Une Constitution révisable, cela ne signifie pas seulement que soient prévus des mécanismes juridiques pour la réviser, mais que ces mécanismes puissent effectivement être mis en œuvre. Aucune Constitution dans notre vaste monde ne prévoit un mécanisme aussi rigide que le projet actuel, où l'unanimité est requise quelle que soit la modification prévue. À 25 aujourd'hui, à 30 demain, l'unanimité c'est la paralysie.

Mais bien sûr une Constitution, surtout si elle a été adoptée par les peuples européens, ne peut pas non plus être adaptée n'importe comment. Elle doit être stable dans le temps. Une révision est nécessairement un acte solennel, qui engage à la fois les peuples européens et les États membres. **On pourrait ainsi décider que la Constitution peut être révisée** à une majorité des 4/5 au Conseil, avec une approbation aux 2/3 par le Parlement européen, et une ratification par les 4/5 des États membres représentant au moins la moitié de la population de l'Union. On pourrait également imaginer un référendum simultané européen, le décompte des voix s'opérant au niveau de l'Union dans son ensemble et non dans chaque pays pris isolément.

Une Constitution qui permette des avancées différenciées

Comme je l'ai rappelé plus haut, le système proposé en 1997 dans le traité d'Amsterdam pour les « coopérations renforcées » n'a jamais été mis en œuvre. Celui qu'aménage cette Constitution ne fonctionnera probablement pas plus. Or le nombre croissant des États accentue le besoin de différenciation. Dans les années 1980 et 1990, les États les plus volontaires ont pu aller de l'avant dans le cadre de l'espace Schengen (pour la sécurité) et de l'euro. À 12 ou à 15, la nécessité de permettre à quelques États d'aller plus loin ensemble était déjà ressentie : c'est encore plus vrai à 25 ou à 30.

La Constitution devra assouplir les règles permettant d'établir des coopérations renforcées. Au lieu de les soumettre à une cascade de conditions quasi impossibles à satisfaire, il conviendra d'en faciliter la marche, dans l'esprit des pères fondateurs : constituer une union sans cesse plus étroite entre les États membres qui le souhaitent. Les trois seules conditions qu'on devrait poser à cet approfondissement différencié seraient : réunir un nombre minimum d'États, 6 par exemple, pour éviter une fragmentation de l'Union européenne ; obliger les participants à accueillir les États qui voudraient monter dans le train en cours de route, sous réserve que ceux-ci acceptent les règles ; ne pas remettre en cause l'acquis communautaire.

En dehors de cela, rien ne doit empêcher des États volontaires d'aller plus loin, par exemple dans le domaine social, fiscal ou environnemental.

De toute façon, si la Constitution ne prévoit pas un assouplissement des coopérations renforcées, l'approfondissement de la construction européenne, parce qu'il est vital, se réalisera en dehors du cadre de l'Union. Avec deux conséquences négatives : pour l'Union, qui deviendra, avec le temps, un cadre sans contenu, sinon pour faciliter la circulation des marchandises ; pour les citoyens, qui ne s'y retrouveront guère dans un dispositif institutionnel toujours plus complexe.

Une Constitution qui défende vraiment nos valeurs

Il ne faut pas que la Constitution définisse les politiques ; en revanche, les valeurs partagées et les objectifs qui en découlent ont leur place dans ce texte.

Or, dans la première partie du projet actuel, il existe un fossé entre la consécration de la concurrence et la timide affirmation des valeurs de solidarité. L'article I-3 édicte que l'Union « offre à ses citoyens un marché intérieur où la concurrence est libre et non faussée » ; mais elle se limite à œuvrer pour une Europe fondée sur « une économie sociale de marché hautement compétitive, qui tend au plein emploi et au progrès social ». D'un côté, la concurrence est une réalité, de l'autre, l'emploi et la cohésion sociale sont de simples objectifs. Ce fossé est amplifié par la partie III, où les politiques organisant la concurrence libre et non faussée sont omniprésentes et celles permettant la solidarité, rares. Cette situation est dangereuse. Elle risque en effet de conduire à un alignement vers le bas des garanties et des droits sociaux, à l'oubli des impératifs environnementaux, à l'abandon de toute politique industrielle, même dans les secteurs essentiels à la souveraineté de l'Europe.

Pour changer la donne, il faudrait une nouvelle rédaction de l'article I-3 portant sur les objectifs de l'Union, afin de mettre la valeur de solidarité sur un pied d'égalité avec celles du marché et de la concurrence. La Constitution pourrait prévoir que le marché intérieur soit équilibré par le développement de la cohésion sociale et par la protection de l'environnement ; que les politiques de concurrence, indispensables, ne puissent être conduites au détriment de l'emploi, des services publics ou de la sauvegarde de la production européenne sur les secteurs stratégiques. Car posséder un marché intérieur signifie aussi être capable de développer l'emploi et pas seulement les facteurs, nécessaires, de compétitivité. D'autant plus que l'Europe sera confrontée à partir de 2010, en plus du vieillissement, au déclin démographique.

La Constitution pourrait également poser le principe d'une possible maîtrise communautaire des infrastructures essentielles au fonctionnement du marché et à la sûreté collective. En matière sociale, elle devrait comprendre une clause dite de « non-régression » interdisant aux lois ou aux lois-cadres communautaires de conduire à la remise en cause des normes sociales internes aux États membres. L'avancée de la construction européenne ne doit pas se traduire par des reculs dans le domaine social. En matière de cohésion sociale et territoriale, elle devrait garantir l'existence des services publics.

Une nouvelle rédaction de ce type influencerait la jurisprudence de la Cour de justice des Communautés européennes, afin d'éviter de faire prévaloir la concurrence sur les autres critères et de réduire l'Union à un simple espace de libre circulation.

Je suis conscient que ces avancées sur les valeurs seront plus difficiles à obtenir de nos partenaires que les améliorations portant sur la clarification du contenu de la Constitution et l'assouplissement de ses modes de révision et de mise en œuvre des coopérations renforcées. Mais, en tant que socialiste, je souhaiterais ne pas avoir à me contenter de déclarations d'intention lorsqu'il est question de solidarité, et de règles contraignantes quand il s'agit du marché et de la concurrence.

2 – LES POLITIQUES : LANCER UN NOUVEL APPROFONDISSEMENT

Les institutions et les valeurs constituent un cadre dont les politiques doivent être le contenu. Parallèlement à la clarification de nos règles, nous devrons relancer nos politiques communes. Avec deux idées maîtresses : la puissance et la solidarité. C'est sur ce terrain que l'Europe est attendue par le monde et par les Européens.

Affirmer l'Europe-puissance dans la mondialisation

La plupart des citoyens européens ont une vision commune du futur de la planète. Et de l'urgence à agir. Ces dernières années, les sommets internationaux se sont multipliés, mais les résultats n'ont guère suivi. Les déséquilibres du monde s'accroissent : 20 % de la population du globe bénéficie de 85 % des dépenses d'éducation ; 40% de la planète manque d'eau potable ; le sida, la tuberculose et le paludisme tuent un enfant toutes les trente secondes. Au fléau de la pauvreté s'ajoutent les nouvelles menaces : crise écologique et hyperterrorisme.

Face à ces faits, face à ces menaces mondiales, nous, Européens, sommes attachés à la mise en place de formes de gouvernance internationale qui doivent permettre non seulement une gestion maîtrisée de la mondialisation – ce dont nous sommes encore loin –, mais la création de liens de solidarité entre le Nord et le Sud. Solidarité nécessaire pour lutter contre la pauvreté. Solidarité indispensable pour gérer les interdépendances du monde. Solidarité qui soit une alternative à la maxime américaine : « Le marché pour tous, tous pour le marché. »

Européens, nous croyons à un certain équilibre entre le droit et la puissance. Instruits des leçons du colonialisme et des guerres passées, nous avons renoncé à toute visée impérialiste. Mais nous ne sommes pas pour autant des pacifistes. Nous voulons une défense européenne forte et autonome, capable de garantir un équilibre international, gage de paix et de stabilité.

Européens, nous partageons un projet qui revendique notre attachement à la culture et au dialogue des civilisations. Notre patrimoine est exceptionnel et nos créateurs parmi les plus féconds. Nous défendons le droit de chacun à exprimer son identité culturelle. Nous faisons de cette diversité une valeur collective. Parce que l'Europe est bel et bien un « vieux » continent, héritière d'une longue histoire, elle est aujourd'hui capable d'être à l'avant-garde du travail de rapprochement entre les civilisations. Notre Union doit constituer un pont entre l'Occident et l'Orient, entre le Nord et le Sud.

Enfin, plus que d'autres, nous sommes soucieux de l'environnement et du développement durable de notre maison Terre, de l'égalité entre les femmes et les hommes, de la stricte séparation entre le temporel et le spirituel.

Ces valeurs sont notre force d'Européens pour entraîner l'humanité vers le progrès. Quand nous unissons nos forces – comme dans les négociations commerciales internationales –, nous parvenons à peser. Mais nos diplomaties restent étroitement nationales, presque rien dans nos défenses n'est mis en commun :

sans remise en cause de la règle de l'unanimité, la création d'un ministre des Affaires étrangères de l'Union n'y changera guère. Le besoin d'Europe est d'autant plus fort que l'administration américaine, avec George Bush, a tourné le dos au multilatéralisme et aggravé les déséquilibres internationaux.

Construire une Europe solidaire

Pour être au rendez-vous de la mondialisation, notre Europe doit d'abord relever ses propres défis. Hier à la pointe de l'innovation technologique, industrielle, économique et culturelle, l'Europe se retrouve aujourd'hui souvent à la traîne. Croissance faible, innovation au ralenti, recherche insuffisante, chômage de masse : pour la première fois, notre continent risque de passer à côté d'une révolution du savoir et des techniques, et d'y payer un lourd tribut humain. Ce qui est en cause, c'est notre détermination à agir, à réformer, à former, à relever les défis. C'est aussi le financement même de nos États providences et l'insertion de l'Europe dans la nouvelle division internationale du travail. Dans les deux cas, la solution conforme à nos valeurs consiste à déployer des politiques de croissance et de solidarité au sein de l'Union et en complément des stratégies nationales.

C'est ce que montre par exemple la réponse à apporter aux délocalisations. Contrairement à une idée en vogue à droite et – je le regrette – parfois même à gauche, **les délocalisations ne sont pas une chimère, un gadget ou un désagrément marginal, mais une réalité lourde de conséquences**. Elles sont un sujet d'angoisse pour les salariés. Elles constituent un risque majeur pour nos États. Or, elles se déroulent au sein même de l'espace européen comme entre cet espace et le reste du monde. Si l'Europe ne nous permet pas de traiter collectivement ce problème, franchement, à quoi est-elle utile ?

Au moins deux attitudes sont possibles. Soit l'Europe opte pour la concurrence forcenée en son sein et la résignation vis-à-vis du monde extérieur. Elle choisit ou accepte le dumping fiscal et le « moins-disant » social entre les pays européens et une forme de « laisser-faire », « laisser-passer » à l'égard de l'Inde et de la Chine. Les conséquences en sont connues à l'avance : nos bassins d'emploi industriels partiront de plus en plus à l'Est ; les emplois, même qualifiés, finiront par se créer majoritairement en Asie. Pour faire face à la compétition qu'ils se livrent, les États assécheront leurs prélèvements. À terme, c'est notre modèle de protection sociale lui-même qui risque d'être mis à terre.

Soit l'Europe fait le choix de la solidarité et de la croissance. En échange d'une harmonisation progressive et par le haut de leurs standards sociaux et d'un coup d'arrêt aux politiques fiscales destructrices, elle aide les nouveaux États membres. Dans le même temps, elle muscle son budget pour préparer véritablement l'avenir. Sont alors financés les grands travaux d'infrastructure, les réseaux du futur, de nouveaux programmes industriels, la recherche et le développement, le renforcement des universités et une politique ambitieuse de formation dans des conditions qui nous permettent de ne pas être distancés par les États-Unis et de faire durablement face aux pays émergents. Sans oublier une politique monétaire et de la concurrence qui soit offensive. Tirant nos économies vers le haut, nous nous donnons les moyens de renforcer nos protections collectives. Choisissant cette voie dynamique, l'Europe est fidèle à l'œuvre entreprise sur le continent depuis 1945, quand le redressement économique s'est accompagné du progrès social. Un mouvement qui a emporté le soutien des peuples, complété par une action nationale et régionale.

C'est cette stratégie-là – davantage de croissance pour davantage de solidarité – que l'Europe devrait mettre en place, avec plus de force que chacun de ses États isolément. Pilotage économique et monétaire, harmonisation fiscale, volontarisme budgétaire, ambition industrielle et scientifique, exigence éducative : c'est à l'échelle de l'Union que ces questions sont désormais posées. La trilogie du marché intérieur sans entrave, de la « concurrence libre et non faussée », et de la politique monétaire orientée vers la seule stabilité des prix demande donc un sérieux rééquilibrage. L'Europe ne peut y parvenir que par l'approfondissement de ses politiques communes et par une meilleure coordination de celles des États.

En déduire un nouvel approfondissement

Si nous voulons traduire dans les actes cette Europe puissante et solidaire, nous devons proposer à nos partenaires un nouvel approfondissement politique.

Cet approfondissement ne pourra sans doute pas être suivi par tous d'un même pas : c'est la raison pour laquelle je propose une différenciation dans le cadre d'une Europe des trois cercles. Mais, à 25 puis à 30, certaines améliorations sont indispensables.

Nos conceptions en matière de diplomatie et de défense peuvent diverger. En revanche, un large accord existe parmi les Européens pour une mondialisation plus juste et mieux maîtrisée. L'Union européenne devrait donc s'engager en faveur d'un « cycle social global » : la question des normes fondamentales du travail, la place des syndicats, le commerce et la finance éthiques pourraient y être traités et mieux conciliés avec les aspirations au développement des pays du Sud. De même, nous devons œuvrer pour la mise en place d'une Organisation mondiale de l'environnement, qui, avec l'Organisation internationale du travail, pourrait venir contrebalancer la toute-puissante Organisation mondiale du commerce.

Au sein même de notre Union, trois évolutions pourraient être proposées à nos partenaires.

D'abord, **mettre fin à la concurrence fiscale déloyale et orienter le budget européen vers la croissance, la**

recherche et l'innovation : c'est la condition d'une lutte efficace contre les délocalisations. Pour progresser sur ces fronts, nos modes de décision devront évoluer : en matière fiscale et budgétaire, l'unanimité est un verrou. Devra être envisagé le passage à la majorité qualifiée, assortie d'une clause de dernier recours si un État démontre que ses intérêts fondamentaux sont vraiment menacés. Les États devront également relever le budget de l'Union, car l'on ne pourra pas financer l'élargissement et les dépenses de l'avenir en s'en tenant au niveau actuel.

Ensuite, **revoir les objectifs et le statut de la Banque centrale et assouplir le pacte de stabilité** : c'est la condition d'une promotion durable de l'emploi. Je pense que nos amis allemands, très attachés à l'orthodoxie monétaire lors du lancement de l'euro, peuvent désormais accepter une évolution du statut de la BCE et un élargissement de ses objectifs.

Enfin, **permettre aux services publics d'accomplir durablement leurs missions** : c'est la condition d'une société où le marché n'est pas le début et la fin de toute chose. Pour cela, leur articulation avec la concurrence doit être précisée non seulement dans les valeurs de l'Union, comme je l'ai indiqué plus haut, mais aussi dans ses politiques concrètes.

3 – L'ARCHITECTURE POLITIQUE : LE COUPLE FRANCO-ALLEMAND, LE PREMIER CERCLE ET LE VISAGE DE L'EUROPE DE DEMAIN

Une Constitution ainsi repensée et renégociée, assortie d'une relance des politiques de l'Union, donnera plus de force et de cohérence à l'Europe. Je l'écrivais à l'instant : tout ne sera pas possible dans le cadre de l'Europe élargie. L'approfondissement des politiques sera plus difficile, plus long aussi, que la clarification du texte constitutionnel. Pour créer une dynamique, pour entraîner nos partenaires, il faut montrer l'exemple et aller de l'avant rapidement, à quelques-uns. C'est le sens du « premier cercle » que j'appelle de mes vœux et dont les allemands avaient proposé le principe il y a déjà une décennie.

Le couple franco-allemand

À plusieurs reprises, j'ai proposé de relancer le couple franco-allemand, qui a toujours été le moteur de la construction européenne. Certains, notamment Nicolas Sarkozy, pensent que la force propulsive de ce couple appartient au passé. Je suis de l'opinion inverse. Comme l'ont écrit justement les commissaires européens Pascal Lamy et Günther Verheugen, « sans l'alliance entre la France et l'Allemagne, l'Europe ronronne, avec elle, elle progresse ».

Une occasion a été manquée en janvier 2003 lors du quarantième anniversaire du traité de l'Élysée : en lieu et place de véritables avancées, on s'en est tenu à quelques décisions symboliques. C'est d'autant plus regrettable que les Allemands considèrent désormais la France comme le partenaire sur lequel ils peuvent le plus compter, avant même les États-Unis. La guerre d'Irak et l'attitude de l'administration Bush sur le protocole de Kyoto ont affecté l'image de ce pays en Allemagne. Rarement nos deux peuples ont autant partagé une vision commune de leur destin, qui passe par l'Europe.

Je propose, comme je l'ai déjà fait début 2003, que la France et l'Allemagne annoncent la mise en commun d'abord, puis la fusion de leurs deux défenses. L'impact symbolique, politique et stratégique de ce projet serait décisif.

Je propose que la France et l'Allemagne adoptent une représentation unique dans les institutions financières internationales, notamment au Fonds monétaire international et à la Banque mondiale, ce qui ferait de nous le deuxième acteur mondial au sein de ces institutions.

Je propose que la France et l'Allemagne joignent leurs efforts en matière de coopération et d'aide au développement, en coordonnant leurs approches et en fusionnant leurs moyens. Une telle coopération serait exemplaire.

Ces projets pourraient être renforcés par des institutions politiques communes : un Congrès composé de représentants des deux Parlements, des réunions ministérielles hebdomadaires, un secrétariat permanent, un forum de la société civile et une structure de coopération des collectivités territoriales.

La relance du couple franco-allemand est parfaitement compatible avec la relance indispensable de la construction européenne : elle en est même une condition. C'est une de nos tâches majeures pour les années qui viennent.

Le premier cercle

Prolongeant les moyens mis en commun par la France et par l'Allemagne, un premier cercle d'États pourrait aller plus loin ensemble.

C'est dans ce cadre que des progrès rapides sont possibles en matière de défense et d'espace de sécurité et de justice.

Pour la solidarité et la maîtrise de la mondialisation, je propose quatre séries d'initiatives :

— **La gouvernance économique**. Parce qu'une véritable intégration économique n'est pas possible sans des impôts communs, il faudra progresser vers une harmonisation de ceux qui concernent les facteurs de production mobiles : principalement l'impôt sur les sociétés, mais aussi l'impôt sur l'épargne. L'assiette de ces impôts devrait être commune et il faudra fixer des taux minima. Cela devra également concerner les taxes sur l'énergie. Cette évolution ne remplacera pas une harmonisation dans l'Union entière, mais le mouvement en aura été lancé. Nous devrons, dans le même temps, pouvoir partager des budgets dans des domaines clés, ceux où la mise en commun permet de démultiplier les effets : les réseaux européens de transport, la recherche scientifique et la politique industrielle, notamment dans le domaine de l'innovation. Tout cela n'aura de sens que si la détermination des cadrages budgétaires nationaux est réalisée en commun.

— **La société du savoir**. Nous devons créer un véritable espace européen de la culture, du savoir et de l'enseignement supérieur : soutien aux créateurs et aux artistes, défense des industries culturelles européennes, mise en place d'une chaîne d'information commune, bourses de mobilité pour les étudiants, européanisation des universités et des pôles d'excellence. Il s'agit de nous donner les moyens d'atteindre réellement l'objectif du sommet de Lisbonne en 2000 : faire de l'Europe, dans les dix ans, l'économie de la connaissance la plus compétitive et la plus dynamique au monde.

— **Les droits sociaux.** La lutte contre les délocalisations concerne tout le monde. Il serait utile de créer un mécanisme d'aide à la reconversion des travailleurs perdant leur emploi du fait de la mondialisation. Ce mécanisme pourrait combiner une aide financière à la reconversion (maintien du revenu et efforts de formation), proportionnelle aux efforts de solidarité nationale des États participants, et une « mission européenne pour l'emploi et la circulation des travailleurs », chargée de favoriser le réemploi des personnes touchées. De même, il faudra renforcer les pouvoirs d'alerte et d'information des syndicats dans les grands groupes européens.

— **L'action extérieure**, c'est-à-dire l'Europe dans le monde, est un domaine où la solidarité permet d'accroître l'efficacité et de s'attaquer vraiment aux inégalités Nord-Sud. La réalisation des « objectifs du millénaire » des Nations unies suppose la mobilisation d'environ 100 milliards d'euros annuels supplémentaires, soit un doublement des flux d'aide publique au développement. La mise en commun des budgets consacrés à l'aide pour le développement, en particulier vers l'Afrique, et une meilleure mobilisation des capitaux privés sont nécessaires. De même, prolongeant une initiative possible de la France et de l'Allemagne, la recherche d'un siège commun au FMI, à la Banque mondiale, à l'Organisation mondiale de la santé et à l'Organisation internationale du travail est une piste sur laquelle j'insiste depuis longtemps. Plus largement, il faudra formaliser l'obligation d'examiner ensemble les initiatives de politique étrangère.

À quels pays proposer de prendre part à ces initiatives ? Ne fixons pas de liste *a priori*. Les États qui le souhaitent devront au moins faire partie de la zone euro. Tous ne le voudront pas. À chacun son rythme. Ceux qui voudront rejoindre l'avant-garde par la suite seront libres de le faire. Selon quel calendrier et quelle méthode ? Il ne s'agit pas d'imposer une volonté française à nos partenaires, mais de porter ensemble un projet pour l'Europe. Pour y parvenir, nous devrons lancer l'initiative à plusieurs. L'Allemagne, l'Espagne, la Belgique, l'Italie si elle le veut, mobilisent nos regards. Nous devons avoir des projets forts, mais être prêts à négocier.

Le visage de l'Europe de demain

À quoi ressemblera l'Europe de demain ? Pourvue d'une véritable Constitution qui sera la bannière de tous les Européens, elle s'organisera autour de différents cercles qui lui permettront de conjuguer l'espace et la puissance. Le centre de ces cercles sera la France et l'Allemagne, partageant une communauté de destin.

Un premier cercle d'États, à terme ceux de la zone euro, pourront, comme je viens de l'expliquer, approfondir rapidement leur intégration économique et sociale. Ce premier cercle ne sera plus simplement un marché commun avec une monnaie unique, mais un ensemble d'États décidés à gérer en commun leur économie et à prévoir des moyens institutionnels, financiers et juridiques pour le faire. Le premier cercle est aussi appelé à prendre l'initiative dans les domaines diplomatique et militaire, ainsi que culturel et scientifique.

L'Union élargie, celle à 25 aujourd'hui et à 30 demain, constitue **le deuxième cercle**. Dotée, par la Constitution recentrée que j'ai décrite, de règles institutionnelles claires et simples, elle pourra progresser vers l'affirmation de la puissance et de la solidarité. Dans de nombreux domaines, cette Union élargie est la bonne échelle pour exister face aux nouveaux géants asiatiques et face aux États-Unis : politique commerciale, régulation financière, défense de l'environnement, promotion du développement, protection des consommateurs, etc. À terme, une politique étrangère et de sécurité commune pourra également rassembler ce deuxième cercle. Car l'Europe ne sera vraiment « majeure » que le jour où elle prendra en main sa propre sécurité. Les conceptions des 25 États en matière de diplomatie et de sécurité étant très différentes, je sais que ce chemin sera long. Il nous faudra montrer aux nouveaux États membres que nous pouvons rééquilibrer notre relation avec les États-Unis sans remettre en cause notre alliance. C'est pourquoi j'attends du premier cercle qu'il trace la voie.

Le troisième cercle, que j'appelle l'Europe associée, allant de l'Atlantique à la mer Noire, de la Méditerranée à la Caspienne, associera les voisins de l'Union pour construire un espace de paix, de prospérité et de démocratie. L'Union, garante de la démocratie et des droits de l'homme, facilitera le progrès de ces sociétés vers le développement et la liberté. L'association étroite de ces pays approfondira la paix. L'Europe associée constituera le cadre d'accords de partenariats en faveur du développement. L'Union doit assumer ses responsabilités et aider ses voisins. La Turquie a vocation à appartenir à ce troisième cercle. Plutôt que lui promettre une adhésion dans quinze ans, il serait préférable de formaliser dès maintenant ce troisième cercle avec elle, puis, le moment venu, avec les États du Maghreb et ceux des franges orientales de l'Union.

Conclusion

Ayons confiance

En écrivant ces pages, en expliquant mon choix, je n'ai cessé de m'exprimer comme un militant de la cause européenne, ce que je suis. Pour beaucoup de proeuropéens ardents, le « non » à un texte européen n'est pas le premier mouvement. Je veux convaincre que non seulement l'Union européenne est assez solide pour ne pas craindre de s'interroger sur la route à suivre, mais que rejeter cet effort de lucidité et de courage se révélerait, très vite, désastreux pour son identité et son projet.

Ayons confiance dans notre Europe ! Celle-ci a déjà plusieurs décennies derrière elle. Les échanges entre les écoles, les universités, les communes, les entreprises sont le lot quotidien de dizaines de millions d'Européens. L'euro,

Schengen, Erasmus, Airbus, Ariane sont des réalités et même des succès. La paix au sein de l'Europe est acquise, et c'est la plus belle des conquêtes. Les fondements de l'Union ont été patiemment construits et sont solidement installés. Ils ne seront pas remis en cause, bien au contraire, par la volonté de réorienter l'Europe sur le chemin de l'ambition.

Nous devons désormais passer à une nouvelle étape de la construction européenne. Après l'espace de paix et le grand marché désormais unifiés à l'échelle du continent, il faut construire une Europe puissante et solidaire. Puissante pour peser dans le monde. Solidaire pour répondre aux aspirations des peuples et des citoyens européens. Le projet de Constitution ne nous permet pas de répondre à ces défis et c'est pourquoi je dis « non ».

L'Europe est la grande affaire de trois générations : les combattants qui, ayant connu l'horreur de la guerre, sont à juste titre fiers de l'œuvre de paix ; les hommes et les femmes nés, comme moi, après la guerre, qui voient dans la construction européenne les bases d'un monde réconcilié ; les plus jeunes, qui se sentent naturellement citoyens d'Europe et qui en bâtiront l'histoire au XXIe siècle. Toutes ces générations mêlées ont un point commun. Elles attendent de cette belle aventure davantage de générosité, de proximité, d'humanité.

Parce que je suis né avec elle, l'Europe a toujours été au cœur de ma réflexion et de mes espérances. Comme une sorte d'évidence. Celle dont j'aime à dessiner les contours et que je voudrais laisser à nos enfants doit être encore mieux qu'une terre de paix et de liberté : une terre de progrès et de solidarité. L'Europe doit être efficace, active, créative, au lieu de s'engluer dans des querelles de procédures. L'Europe doit être vécue comme une chance, un levier, une perspective, plutôt que d'être le reflet d'une technocratie lointaine et peu démocratique.

Voilà pourquoi je ne peux pas me résigner à accepter un projet de Constitution qui, tout compte fait, nous conduirait sur la mauvaise voie. L'Europe mérite mieux qu'un scénario qui commence comme un texte d'Emmanuel Kant, avec l'invocation émue de l'idéal, et se termine par Jean de La Fontaine et son « un tiens vaut mieux que deux tu l'auras ». Mon « non » à une Constitution décevante et paralysante est raisonné. De la même façon qu'est enthousiaste mon « oui » à une Europe puissante et solidaire.

Certains m'objectent : « Il est trop tard ! Vous avez peut-être raison dans vos critiques, mais c'est fini ! L'Europe-puissance était un rêve, il n'a pas pu se réaliser ; le mieux que l'Union élargie puisse désormais vouloir, c'est de produire des règles et du droit. » Je ne suis pas d'accord avec cette vision réductrice. Je refuse d'enterrer l'espérance. Je dis « non » à la résignation.

On me dit que le « non » « n'est pas rentable à titre personnel » et qu'ébrécher le consensus reviendrait à se priver de tout avenir national. Qu'il en coûte cher, dans nos démocraties médiatiques, de heurter certains leaders d'opinion, et de prendre à rebrousse-poil une partie des élites. Peut-être ! Mais aurait-on voulu que je place des considérations personnelles au-dessus de l'image que je me fais de l'intérêt de la France et de l'Europe et du sens que j'accorde à nos valeurs ? Aurait-on voulu que je dise « oui » en pensant « non » ? Que je ruse avec mes convictions ? Elles sont ce qu'elles sont. Elles ne datent pas d'hier. Elles sont renforcées par l'expérience et la pratique des responsabilités gouvernementales.

Que tous, citoyens, militants, trouvent ici une analyse que j'ai voulue sérieuse et honnête : tel est le sens de ma démarche.

Que mon pays, que mon parti puissent la partager demain : tel est mon souhait.

Annexe

Présentation générale de la Constitution

Le projet de Constitution fusionne en un seul texte intergouvernemental les clauses contenues jusqu'à présent dans les traités en vigueur (le traité sur l'Union européenne et le traité instituant les Communautés européennes, tels qu'ils ont été modifiés à plusieurs reprises, en dernier lieu par le traité de Nice en 2000), et y ajoute des dispositions nouvelles. Il comprend aussi de nombreux protocoles, annexes et déclarations. Il a été adopté par le Conseil européen de juin 2004, à partir des propositions faites par la Convention, présidée par Valéry Giscard d'Estaing, qu'il ne retient pas intégralement.

Après un court préambule, il comporte trois parties.

La **partie I** (articles I-1 à I-60) **définit les principes généraux d'organisation de l'Union**. Elle est subdivisée en 9 titres :

I. Définition et objectifs de l'Union (articles I-1 à I-8)
II. Les droits fondamentaux et la citoyenneté de l'Union (articles I-9 et I-10)
III. Les compétences de l'Union (articles I-11 à I-18)
IV. Les institutions et organes de l'Union (articles I-19 à I-32)
V. L'exercice des compétences de l'Union (articles I-33 à I-44)
VI. La vie démocratique de l'Union (articles I-45 à I-52)
VII. Les finances de l'Union (articles I-53 à I-56)
VIII. L'union et son environnement proche (article I-57)
IX. L'appartenance à l'Union (articles I-58 à I-60)

La **partie II** (articles II 61 à II-114) **contient la Charte des droits fondamentaux de l'Union**.

Outre un court préambule, elle se compose de 7 titres :

I. Dignité (articles II-61 à II-65)
II. Libertés (articles II-66 à II-79)
III. Égalité (articles II-80 à II-86)
IV. Solidarité (articles II-87 à II-98)
V. Citoyenneté (articles II-99 à II-106)
VI. Justice (articles II-107 à II-110)

VII. Dispositions générales régissant l'interprétation et l'application de la Charte (articles II-111 à II-114)

La **partie III**, de loin la plus longue (articles III-115 à III-436), **porte sur les politiques et le fonctionnement de l'Union**, jusqu'ici divisés en trois piliers (communautaire, espace de liberté, de sécurité et de justice, politique étrangère et de sécurité commune), dont le projet de Constitution rapproche les modalités.

Elle comporte 7 titres :

I. Dispositions d'application générale (articles III-115 à III-122)

II. Non-discrimination et citoyenneté (articles III-123 à III-129)

III. Politiques et actions internes (titre le plus développé, subdivisé en 5 chapitres :

1) marché intérieur (libre circulation et concurrence) (articles III-130 à III-176)
2) politique économique et monétaire (articles III-177 à III-202)
3) politiques dans d'autres domaines (emploi, politique sociale, cohésion, agriculture, environnement, protection des consommateurs, transports, réseaux transeuropéens, recherche, énergie) (articles III-203 à III-256)
4) espace de liberté, de sécurité et de justice (articles III-257 à III-277)

5) domaines où l'Union peut décider de mener une action de coordination, de complément ou d'appui (santé, industrie, culture, tourisme, éducation, protection civile, coopération administrative) (articles III-278 à III-285)

IV. Association des pays et territoires d'outre-mer (articles III-286 à III-291)

V. Action extérieure de l'Union, comprenant 8 chapitres :
1) dispositions générales (articles III-292 et III-293)
2) politique étrangère et de sécurité commune (articles III-294 à III-313)
3) politique commerciale commune (articles III-314 et III-315)
4) coopération et aide humanitaire (articles III-316 à III-321)
5) mesures restrictives (article III-322)
6) accords internationaux (articles III-323 à III-326)
7) relations avec les organisations internationales et les pays tiers (articles III-327 et III-328)
8) mise en œuvre de la clause de solidarité (article III-329)

VI. Le fonctionnement de l'Union, avec 3 chapitres :
1) dispositions institutionnelles (articles III-330 à III-401)
2) dispositions financières (articles III-402 à III-415)

3) coopérations renforcées (articles III-416 à III-423)

VII. Dispositions communes (articles III-424 à III-436)

La **partie IV** (articles IV-437 à IV-448) **est consacrée aux dispositions générales et finales**, c'est-à-dire aux règles applicables au projet de Constitution lui-même (rapports avec les traités antérieurs, champ d'application territorial, révision).

La simple lecture de ce plan montre qu'il existe de nombreux recoupements entre les différentes parties, en particulier entre la partie I et la partie II d'une part, la partie III d'autre part.

Au texte du projet de Constitution sont joints 36 protocoles et 2 annexes, qui en font partie intégrante (soit 355 pages supplémentaires). 50 déclarations ont également été ajoutées, en général pour expliciter le texte de la Constitution.

La plupart de ces documents sont issus des traités précédents et simplement adaptés pour tenir compte des modifications formelles découlant du projet de Constitution ; quelques-uns se rattachent à des dispositions nouvelles du projet (coopération structurée permanente en matière de défense par exemple).

Certains complètent le texte sur des points institutionnels (rôle des parlements nationaux, principe de subsidiarité, dispositions transitoires couvrant la période 2004-2009...). D'autres ont trait à la mise en œuvre de politiques communes : politique monétaire (critères de convergence, déficits excessifs, Eurogroupe), espace Schengen...

D'autres, enfin, définissent les situations particulières de certains pays vis-à-vis de tel ou tel aspect de la construction européenne, ou les spécificités de traitement de divers territoires dépendant d'États membres.

Table

Introduction 7

I. Non à cette Constitution..... 17

1. Quelques avancées, mais...... 18
2. Un texte « fourre-tout »...... 21
3. Un texte décevant........... 23
   Pas de réel rééquilibrage social... 23
   Pas de gouvernement économique 34
   Pas de moyens d'action suffisants pour les États membres 34
   Pas de défense européenne 40
   Pas de protection de l'environnement à la hauteur des enjeux.... 43
4. Un texte paralysant.......... 45
   Pas d'avant-gardes praticables ... 46
   Pas de révision probable........ 48

II. Comment en est-on arrivé là ? 53

1. Dix ans sans volonté suffisante pour l'Europe 53

Les réussites du passé : la paix et les solidarités de fait 54
La dérive du présent : l'élargissement sans l'approfondissement .. 55
2. Vers une Europe à l'anglaise. 58
L'Europe « terrain vague » 59
La Turquie, ou la question de la dilution 62
3. Le chemin de François Mitterrand...................... 65

III. Réponses aux principaux arguments anti-non 68
« Vous allez dire non à l'Europe » 68
« Il n'y a aucun recul »......... 70
« On améliorera ensuite » 71
« Nous n'avons pas le choix » ... 73
« Les socialistes ont toujours dit oui »........................ 75
« Il ne faut pas être isolés » 76
« Le non, c'est l'archaïsme »..... 78
« Gare à la crise » 80

IV. Oui à une Europe puissante et solidaire.................... 83
1. Les règles : une véritable Constitution pour l'Europe... 84
Une Constitution, rien qu'une Constitution.................. 85
Une Constitution révisable 88
Une Constitution qui permette des avancées différenciées 89
Une Constitution qui défende vraiment nos valeurs............. 91

2. Les politiques : lancer un nouvel approfondissement....... 94
Affirmer l'Europe-puissance dans la mondialisation 94
Construire une Europe solidaire . 97
En déduire un nouvel approfondissement.................. 100
3. L'architecture politique : le couple franco-allemand, le premier cercle et le visage de l'Europe de demain 103
Le couple franco-allemand...... 103
Le premier cercle.............. 105
Le visage de l'Europe de demain . 109

Conclusion : Ayons confiance 113
Annexe : Présentation générale de la Constitution 117

Cet ouvrage a été composé et imprimé par la
SOCIÉTÉ NOUVELLE FIRMIN-DIDOT
Mesnil-sur-l'Estrée
pour le compte des Éditions Plon
76, rue Bonaparte
Paris 6e
en octobre 2004

Imprimé en France
Dépôt légal : novembre 2004
N° d'édition : 13038 – N° d'impression : 70761